흔들리지 않는 투자를 위한

경제지표 9

흔들리지 않는 투자를 위한 경제지표9

1판 1쇄 인쇄 2022년 7월 5일

1판 3쇄 발행 2023년 1월 16일

지은이 하이엠 **펴낸이** 이재유 **디자인** 유어텍스트

펴낸곳 무블출판사 **출판등록** 제2020-000047호(2020년 2월 20일)

주소 서울시 강남구 영동대로131길 20, 2층 223호(우 06072)

전화 02-514-0301 **팩스** 02-6499-8301 **이메일** 0301@hanmail.net **홈페이지** mobl.kr

ISBN 979-11-91433-48-7 (03320)

개미가 주식차트 볼 때, 고수는 경제지표 본다

흔들리지 않는 투자를 위한

경제지표 9

하이엠 지음

투자는 확신의 토대 위에 쌓는 인내의 탑이다. 주식·부동산·채권 어느 분야든, 투자는 본인만의 확신이 있어야 타인의 의견에 흔들리지 않고 일관성 있게 지속할 수 있다. 그렇지 않다면 소문만 믿고 비쌀 때 사서, 하락하면 겁나서 파는 고점매수-저점매도를 반복할 가능성이 높다. 카페와 블로그, 유튜브 활동을 통해서 만난 많은 개인 투자자들이 겪는 어려움이기도 하다. 투자에 확신을 갖기 위해서는 남의 말과 남의 판단이 아닌, 자신만의 판단법이 있어야 한다. 그런데 투자를 위해 경제를 공부하려고 마음먹어도 무엇을 어떻게 공부해야 할지 몰라 내버려두는 경우를 자주 보게 된다.

그렇다. 경제는 복잡하고 투자는 어렵다. 그러나 무엇이든 원리를 알면 쉽고, 잘하면 재미있어진다. 무엇이 경제의 변수인지 알고 이들이 어떻게 서로 맞물려 있는지 알 수 있다면, 투자를 위한 경제를 파악하는 것은 그렇게 어렵지 않다.

　필자는 누구나 투자에 바로 활용할 수 있는 경제적, 투자적 토대를 제공하고자 이 책을 쓰게 되었다. 가장 핵심적인 변수 9개면 경제를 알기에 충분하다. 금리, 인플레이션, 환율, 성장률, 주식시장, 원자재 등 거의 모든 영역을 이해하고 판단할 수 있다. 실전에 사용되는 원리는 간단해야 한다. 복잡하면 그것은 학문이지 실질적인 도구가 아니다. 경제의 판을 이해하고 투자의 기회를 찾아낼 수 있는 변수와 해석 방법, 즉 프레임워크를 제공하는 것이 이 책의 목적이다.

　투자자가 꼭 알아야 할 9가지 핵심 지표를 제공하고 실제 투자에 어떻게 사용할지 각 장마다 제시했다. 이를 통해 나에게 맞는 투자 방법을 찾아가기를 기대한다. 경제는 사이클이며 투자의 기회는 순환적으로 찾아온다. 경제의 흐름을 알면 방향을 예측할 수 있고, 무리하지 않고 순리에 맞는 투자를 할 수 있다. 챕터를 읽어갈수록 살아있는 경제학을 익힐 수 있을 것으로 기대한다. 그리고 누구의 말에 흔들리지 않고, 스스로 판단하고 결정하는 나만의 투자 방법을 익혀나갈 수 있다.

　참고로, 새 정부 들어 부동산 정책의 대전환이 예고되고 있다. 따라서 이전에 비해 부동산은 하향안정화될 것으로 예상한다. 그럼에도 부동산 챕터에 대해 상술하지 않은 것은 부동산 정책은 매우 민감한 주제로, 정치적 논쟁이 되기 때문이다. 공급이 증가하면 가격은 안정된다는 가장 기본적인 경제 원리만 확인하고 가자. 그리고 새 정부의 부동산 정책이 구체화되면 부동산에 대해서는 더 자세히 카페나 유튜브를 통해서 추가로 공유하도록 하고자 한다.

보통 경제 전망이나 투자는 전문가의 영역이라 일반인에게는 쉽지 않다는 선입견이 있다. 그러나 자본주의에 사는 우리는 거의 매일 경제나 투자와 관련된 결정을 피할 수 없다. 이 책은 그래서 누구나 쉽게 이해되는 경제 전망과 투자의 기본적인 내용을 담아내는 것을 목표로 했다. 본문 구성도 세 단계로 나눴다.

1)초급 : 누구나 알 수 있고 기본적으로 알아야 할 내용

2)중급 : 알아두면 더 좋은 내용

3)고급 : 경제 고수에게 필요한 내용이다.

이 책은 경제학을 전공하지 않아도 누구나 쉽게 읽도록 구성했다. 중간에 이해 안 되는 부분이 있더라도 일단 끝까지 완독해보자. 그럼 높은 산 정상에 오르면 아래가 다 내려다 보이듯, 경제가 한눈에 보이기 시작할 것이다. 높이 오를수록 더 많은 것이 보인다. 확신을 갖고 마지막 페이지까지 올라가보자. 분명 투자자로서 안목이 달라질 것이라 확신한다. 확신의 토대 위에 쌓는 인내의 탑, 건투를 빈다.

차례

프롤로그   4

셀프 체크 리스트   8

1장 | 9가지 지표만 알면 경제가 쉬워진다   11

2장 | 경기 흐름을 예측하는 '장단기금리차'   27

3장 | 금리 전망의 열쇠, '테일러 룰'   63

4장 | 경제 위기의 척도 '일본 엔'   83

5장 | 인플레이션을 결정하는 '유가'   109

6장 | 증시의 방향을 말해주는 '실질금리'   139

7장 | 한국 증시의 나침반 '수출금액지수'   159

8장 | 국가의 미래를 결정짓는 '인구'   183

9장 | 세계 경제는 '구리', 중국 경제는 '철광석'이 말한다   211

10장 | 보너스– 기업 주가의 핵심은 '영업이익'   227

11장 | 2022년 투자 전략: 긴축의 시간   247

경제지표 100% 활용 팁   278

에필로그   282

셀프 체크 리스트

투자는 욕심으로 성공할 수 없다. 정확한 현실 인식에서 출발한다. 미래는 현재가 결정하기 때문이다. 지금의 나를 가장 잘 이해하는 것이 미래의 수익을 결정한다. 셀프 체크 리스트를 통해 자신의 경제 실력 또는 내공을 테스트 해보자.

만일 1~3개 맞췄다면 '투자 어린이'에 해당된다. 이 카테고리에 있는 투자자는 투자 자금 중 현금을 70% 이상 보유하기를 권한다. 기본적인 내용 중심으로 읽어나가고, 중급 · 고급 파트가 어렵다면 과감히 건너뛰어도 무방하다. 충분히 지식이 쌓이고 경험이 쌓인 후에 소중한 자산 70%를 투자에 써야 리스크가 없다. 중급까지 시간을 두고 찬찬히 읽어보기를 권하고 싶다.

4~6개 정답을 맞췄다면 '투자 선수'다. 투자 선수라면 현금 비중을 최소 50% 가져가기를 권한다.

7~9개 정답을 맞췄다면 '투자 고수'에 해당된다. 편한 마음으로 이 책 전체를 넘기면서 보되, 고급 파트에 집중해서 보면 좋다. 고수라면 현금 비중을 조금 줄여 최소 30% 가져가기를 권한다.

셀프 체크를 통해서 현재 나의 지식 수준을 정확히 평가하고 이에 맞게 현금 비중 조절만 잘해도 이미 투자에 반쯤 성공한 셈이다. 가장 쉽지만 가장 지키기 어려운 일이기도 하다. 그리고 이 책을 다 읽고서 레벨이 올라갔다고 판단하면 현금 비중도 조절할 수 있다. 하이엠 카페와 유튜브 채널을 통해서 계속 소통하고 자료를 공유할 계획이다. 이 책을 매개로 자주 소통할 수 있기를 기대해본다.

셀프 체크 리스트

(※주의사항 : 목차에 있지만 넘겨보지 말고 직관적으로 작성해보자)

1 〈경기〉 경기가 좋아질지 나빠질지 알려면 _____를 보자.

　가. 코스피　　　　나. 장단기금리차　다. 환율　　　　　라. 은행이자율

2 〈금리〉 금리가 오를지 내릴지 알려면 테_____을 보자.

3 〈경제 위기〉 경제 위기, 시장 폭락이 오는지 알려면 _____을 보자.

　가. 일본 엔　　　　나. 휘발유 가격　　다. 부동산 가격　라. 증시

4 〈인플레이션〉 인플레이션이 얼마나 강할지 알려면 _____을 보자.

5 〈증시〉 증시가 오를지 내릴지 알고 싶으면 _____를 보자.

　가. 소비자 물가　　나. 실질금리　　　다. 기준금리　　　라. 10년채 금리

6 〈한국 증시〉 한국 주식시장이 오를지 내릴지 알려면 수_____를 보자.

7 〈한국 부동산〉 서울 부동산이 오를지 내릴지 알려면 주_____를 보자.

8 〈국가경제〉 한 나라의 장기 경제 전망이 궁금하면 _____을 보자.

　가. 인구　　　　　나. 이자율　　　　다. 부동산 가격　라. 정부예산

9 〈세계 경제, 중국 경제〉 세계 경제를 전망하려면 _____를 보고 중국 경제를 전망하려면 _____석을 보자.

셀프 체크리스트 답

1. 나(장단기금리차) / 2. 테일러 룰 / 3. 개(일본 엔) / 4. 유가 / 5. 나(실질금리) / 6. 수출금액지수 / 7. 주택건축허가건수
8. 개(인구) / 9. 구리, 철광석

1장

9가지 지표만 알면
경제가 쉬워진다

1 경제는 사실 쉽다

경제와 투자는 복잡하다?
아니, 간단하다!

매일 신문과 뉴스를 통해 접하지만 사실 경제 현상은 매우 복잡해서 단번에 이해하기 힘들다. 금리·인플레이션·성장률 등 기본적인 내용만 해도 알아야 할 것이 끝이 없고, 용어 자체도 어렵다. 게다가 많은 지표들이 나오는데, 이 또한 숫자가 많고 다양한 변수와 모델들이 존재한다. 재테크나 투자를 위해 경제에 대한 이해가 필수임에도 거시경제학·금융·투자 등 복잡하고 어려운 내용이 많아 어렵다는 핑계로 멀리하기 쉽다.

맞다. 경제는 매우 복잡하고 유동적이다. 이를 다루는 경제학은 더욱 이해가 어렵다. 하지만 투자를 위해 우리가 꼭 알아야 할 경제의 기초 원리는 어쩌면 아주 간단하다. 그 원리를 이해하면 실제 투자를 하는 관점, 세상을 보는 눈도 달라진다. 우리가 알아야 할 경제지표는 9개면 충분하다. 그리고 지표들을 넣어 해석하기 위한 하나의 틀, 프레임워크Framework까지 더하면 어떤 상황에서도 경제 현상을 쉽게 해석하고, 이를 투자로 연결시킬 수 있다.

마법 같이 간단한 경제 원리

9가지 경제지표와 이를 뒷받침할 프레임워크, 여기에 투자를 위한 경제학의 모든 것이 담겨있다고 해도 과언이 아니다. 이 세계를 향한 여정을 자신 있게 시작해보자. 이 여정을 마칠 즈음 우리는 어떤 사건에서도 투자의 힌트를 얻을 수 있고, 더 이상 다른 사람의 해석에 의지하지 않고, 구체적인 투자 계획을 스스로 세울 수 있게 될 것이다. 그리고 (특별히 운이 나쁘지 않다면) 꽤 괜찮은 수익으로도 이어질 것으로 확신한다.

2

경제의 MRI,
9가지 핵심지표

투자를 위한 경제학은 미시경제·거시경제·국제경제·금융·투자이론 등으로 복잡하게 구성되어 있는데, 자칫하면 장님이 코끼리 만지는 것처럼 부분적으로 이해하기 쉽다. 어디를 먼저 만지느냐에 따라 다르게 이해하고 해석하는 오류를 범하지 않도록 우리는 코끼리를 작게 축소해 접근해보자. 그리고 코끼리, 즉 경제가 한눈에 보일 때 그 상황에 맞게 변수를 더해 이해도를 높여보자.

9가지 비밀 지표

우리가 경제에 대해서 알아야 할 9개 분야는 다음과 같다. 경기**경제 상**

황, 금리**이자율**, 경제위기, 인플레이션, 증시, 한국 증시, 한국 부동산, 국가의 장기 경제, 세계 경제&중국 경제다. 이 9가지 영역을 이해하면 경제가 한눈에 들어오게 된다.

참고로 설명은 ▶기본적으로 꼭 알아야 할 내용 ▶조금 난이도가 있지만 알아두면 좋을 내용(중급) ▶난이도가 높아 몰라도 무방한 내용(고급) 등으로 단계를 나눴으니 어려운 부분은 띄엄띄엄 읽어도 좋다. 그렇더라도 끝까지 읽어나가 전체 변수와 프레임워크를 이해하는 방식을 추천하고 싶다.

이 9가지 분야를 이해하는 데 각각 장단기금리차(벌써부터 용어에 압박을 느낄 수 있지만 자세한 설명은 2장부터니 여기에서는 눈으로만 익히고 넘어가자), 테일러 룰(놀라지 말자, 알고 나면 별것 아니다, 테일러 교수가 만든 2차 방정식 같은 것이다), 일본 엔, 유가, 실질금리, 수출금액지수, 건축허가건수, 인구, 구리&철광석이다. 신기하게도 이 9가지 지표를 다 이해하면, 우리는 경제 고수의 영역에 들어갈 수 있다. 이를 정리하면 아래와 같다.

경기	금리	경제위기
장단기금리차	테일러 룰	일본 엔 (환율)

인플레이션	증시	한국 증시
유가 (원유가격 WTI)	실질금리	수출금액지수

한국 부동산	국가의 장기 경제	세계 경제, 중국 경제
건축허가건수	인구	세계 경제: 구리 중국 경제: 철광석

3 투자의 기회를 찾는 '매직 경제 프레임워크'

𝐚𝐥

구슬이 서말이라도 꿰어야 보배, 변수를 알아도 해석해야 돈이 된다

우리는 방금 경제를 풀어주는 9가지 비밀 지표가 무엇인지 알았다. 하지만 현재로는 각각 흩어진 변수들일 뿐이다. 이를 묶어 해석해주는 도구, 프레임워크가 있어야 한다.

우리는 4가지 원칙으로 구성된 프레임워크를 사용할 것이다. 이는 9가지 지표들을 꿰어서 보석 같은 투자를 결정하게 해줄 것이다.

'지금 비트코인을 사야 할까 팔아야 할까?'

'한국 부동산은 오를까 내릴까?'

'지금 미국 주식을 더 사야 할까?'

하이엠의 '매직 경제 프레임워크'

- 경제는 사이클이다
- 물가, 금리, 성장률은 같이 움직인다: 고물가 고금리 고성장은 세트다
- 자본주의는 돈의 세상이며 돈값, 즉 금리가 지배하고 금리는 미국 중앙은행 연준이 지배한다.
- 팍스아메리카나가 끝나고 분리된 세상이 오고 있다.

이 같은 질문에 9가지 지표 중 몇 개를 아래의 프레임워크에 넣어서 돌려보면 답이 나온다. 믿기지 않을 수도 있으니 예를 들어보자. '지금 비트 코인을 사야 할까?'라는 질문에 답하기 위해, 우리는 앞서 9가지 지표 중 장단기금리차와 테일러 룰, 그리고 프레임워크에는 '경제는 사이클이다'라는 원리를 넣어 해석할 것이다.

질문	**지금 비트코인을 사야 할까?**
도출	**장단기금리차(지표) + 테일러 룰(지표) + 경제는 사이클이다(프레임워크)**
답	**NO**

그러면 현재는 낮은 금리지만 높아지는 금리 사이클을 고려하고, 비트코인도 4년 주기 사이클로 가격의 오르고 내림이 있다는 원리를 적

용하면 '지금은 비트코인을 사야 할 시기는 아니다'는 결론에 도달하게 된다. 단순한 사례지만 변수를 더 자세히 이해하면, 심플하고 명확한 답을 내려주는 강력한 도구가 된다는 것을 이 책을 덮는 순간에 확신하게 될 것이다.

프레임워크를 더 잘 이해하기 위해 약간의 설명이 필요하다. 하나씩 차례대로 살펴보자.

1 | 경제는 사이클cycle이다

경제는 사이클이다. 이는 두 가지 의미다.

① 일정 기간 주기적으로 반복된다.

② '높고 낮음' 또는 '좋고 나쁨'이 반복된다.

반복된다는 것이 매우 중요하다. 반복은 패턴을 만들고, 이를 학습하면 미래를 예측할 수 있기 때문이다. 그래서 패턴이 있으면 과학이고, 패턴이 없으면 예술이라는 말이 있다. 반복되는 사이클을 이해한다면, 우리는 하나의 현상에서 이후 일정 시기에 벌어질 일을 예측할 수 있다. 우리가 경제를 공부하거나 투자를 하는 가장 큰 목적은 '미래에 어떻게 될까?', 그리고 '우리는 어떤 결정을 해야 할까'일 것이다. 그러므로 경제는 사이클임을 이해하는 것은 가장 크고 중요한 원리다.

아래 그래프는 미국 경제 사이클이다. 아직 어떤 경제적 의미인지는 알 수 없지만, 최소한 10년 정도를 주기로 높아지고 낮아진다는 것을 알 수 있다. 다시 말해, 경기 불황이 10년 주기로 온다는 것을 보여주고 있다. 어떤 현상의 주기를 안다는 것은 매우 중요하다. 예측이 가능하기 때문이다. 오늘 보름달을 보았다면, 우리는 정확히 14일 후에 그믐달이 뜰 것을 알 수 있는 것과 같은 이치다. 경제도 이런 사이클의 속성이 있고, 중요한 서너 가지 사이클을 이해하면 미래를 전망하는 데 도움이 된다.

아래 그래프가 보여주는 미국 경기 10년 불황 주기처럼 경제에는 몇 가지 중요한 사이클, 즉 주기가 있다. 한국 부동산 10년 사이클, 비트코인 4년 사이클, 한국 경제 2년 사이클, 반도체 2년 사이클 등이다. 이런 사이클은 매번 반복되기 때문에 많은 경제 전망 중 '이번에는 다를 거야'는 자주 발생하지 않으며, 같은 현상이 반복되는 '이번에도 역시'가 되풀이된다.

사이클은 투자에 적용할 때 큰 힘을 발휘한다. 달이 차면 기울듯, 상승 주기에 이르면 계속 상승할 것 같아도 사실은 전혀 그렇지 않다. 일정 구간, 즉 사이클의 정점에 다다르면 이제 하향의 사이클에 접어들게

미국 경기 10년 사이클. 1990년, 2000년, 2009년, 2020년 대략 10년마다 불황이 찾아왔다. 그림의 검정색 음영 부분이 불황인 시기를 나타낸다.
자료:FRED

된다. 따라서 이런 사이클을 이해하고 있으면 가격이 높은 정점 사이클에서 욕심을 내어 추격매수하기보다는, '이제 사이클의 정점이구나, 이제는 내려갈 가능성이 높겠구나, 그렇다면 내려가는 사이클은 피하고, 충분히 내려가면 올라가기 시작하는 사이클에 투자하면 되겠구나'하는 현명한 판단을 할 수 있다. 잊지 말자, 경제는 사이클이다. 이 사이클을 이해하면, 이번에는 다르다고 사람들이 말할 때 흔들리지 않고 '이번에도 역시'하는 판단력을 가질 수 있다.

2 | 저물가, 저성장, 저금리는 세트다

'일본 경제' 하면 익숙한 말이 있다. 바로 '잃어버린 20년'이다. 일본 경제가 1990년대에 저성장으로 접어들면서 경제가 안 좋았던 시기다. 일본 성장률이 마이너스이기도 했다. 동시에 일본은 디플레이션의 국가였다. 디플레이션은 인플레이션의 반대 즉 '마이너스 인플레이션'이다. (인플레이션을 설명하는 5장에서 자세히 다룬다) 일본은 성장률도 마이너스, 물가도 마이너스, 동시에 금리도 마이너스였다. 정리해보자. 일본의 잃어버린 20년 동안, 저성장·저물가·저금리가 동시에 나타났다. 성장도 마이너스, 물가도 마이너스, 금리도 마이너스.

코로나 이전까지 우리 한국 경제에 대해서도 자주 듣는 말이 있었다. 노령화·저인구·저성장·저물가·저금리… 이런 사례를 볼 때, 성장률·물가·금리는 세트로 움직인다. 즉 저성장이면 저금리이고 저물가다. 반대로 고성장이면 고금리이고 고물가다. 이 셋이 세트로 같이 움직인다는 것은 매우 중요한 원리다. 하나의 움직임만 알면 나머지 둘도 어떻게 될지 전망이 가능하기 때문이다.

예를 들어 설명해보자. 2022년 러시아가 우크라이나를 침범하면서 물가가 급등했다. 휘발유 가격도 오르고 라면 가격도 오르고, 다 오르는 상황이다. 즉 고물가라는 이야기다. 그럼 우리는 미국의 중앙은행이나 한국은행이 금리를 올릴지 내릴지 금방 알 수 있다. 물가가 이렇게 높으면 무엇이 높아야 한다고 연결 가능한가? 금리다. 따라서 미국이나 한국이나 강하게 금리를 높일 것임을 추론할 수 있다. '低低低'(저성장·저물가·저금리)가 같이 움직이고 '高高高'(고성장·고물가·고금리)가 세트로 움직이는 것에는 경제 이론이 숨겨져 있으나, 자세한 내용보다는 일단 '물가·금리·성장, 셋은 세트로 움직인다'를 기억하자. 아주 쓸모가 많은 원칙이다.

3 | 자본주의는 돈의 값, 즉 금리가 지배한다

자본주의는 자본 중심의 경제-사회구조다. 쉬운 말로 돈이 중심이다. 그리고 자본주의에서는 모든 것에 가격가치이 있다. 당연히 돈도 가격이 있다. 돈의 가격, 돈의 가치가 바로 이자율이고 금리다. 금리는 복잡하게 생각하면 끝이 없다. 그러나 쉽게 생각하면 돈에 대한 값이다. 돈이 줄어서 귀해지면 값이 높아진다. 이자율, 즉 금리가 높아진다. 반대로 돈이 넘쳐서 흔해지면 금리는 낮아진다.

금리는 이자율이고 돈의 값이라고 했다. 그럼 돈의 값은 누가 정하는가? 이 질문에 대답하기 위해 우리는 '돈은 무엇을 의미하는가?'부터 정리해야 한다. 보통 돈이라면 '신사임당 5만원권'을 생각하게 된다. 그러나 엄밀한 의미에서 돈은 미국 달러뿐이다. 그래서 미국 달러를 기준이 되는 통화, 기축통화라고 부르는 것이다. 즉 기준이 되는 돈이라는 의미다. 한국의 돈을 원이라 부르는데, 원은 달러의 보조적 화폐로 이해하면 크게 무리가 없다. 돈은 미국의 달러밖에 없고, 나머지 일본·중국·유럽·한국 돈은 미국 돈과 교환해서 쓰는 보조적인 교환수단일 뿐이다(많은 복잡한 스토리가 있지만 일단 그렇게 알고 가자). 그럼 진짜 돈, 미국 돈의 값을 정하는 곳이 금리를 정하는 곳은 어디인가? 바로 미국의 중앙은행인 연준 **연방준비제도이사회, FED**이다.

자본주의 하면 떠오르는 나라 미국, 그 나라의 중앙은행인 연준이 돈의 값을 정하기 때문에 우리는 미국에서 전해오는 뉴스에 집중하게 된다. 특히 돈의 값을 정하는 연준과 돈을 굴리는 월스트리트 **뉴욕 금융가**에서 전해오는 소식에 놀라기도 하고, 기뻐하기도 한다.

다시 기억하자. 세상에 진정한 돈은 달러밖에 없다. 그리고 돈의 값이 금리다. 진정한 돈의 값, 달러의 금리는 미국의 중앙은행 연준이 정한다. 따라서 연준이 어떻게 하는지에 따라, 돈값이 지배하는 자본주의 시장은 결정된다. 즉 경기가 좋아질지, 주식시장이 좋아질지 나빠질지, 부동산 가격이 오를지 내릴지 정해진다. 그래서 미국의 중앙은행이 '경제의 신'이라고 불리고, 서학개미들이 항상 주시하는 곳이기도 하다.

4 | 팍스아메리카나는 끝나고 분리된 세상이 온다

앞서 우리는 '자본주의의 심장'인 미국을 중심으로 자본주의를 설명했다. 그래서 미국의 중앙은행이 많은 것을 결정한다고 가정했다. 이런 미국 중심의 세상을 우리는 '팍스 아메리카나'라고 부른다. 세계화된 시장에서 모두 미국의 기준을 사용하고(그러니 글로벌 스탠다드가 아닌, 사실 아메리칸 스탠다드다). 미국의 법이 곧 세계의 법이고, 미국이 생산한 서비스를 세계가 다 같이 쓰는 시대를 살아왔다.

주변에서 쉽게 확인할 수 있다. 집에서 미국 아이폰을 쓰고(삼성폰은 한국산이지만, 핵심기술은 미국 퀄컴, 운영체제는 구글 안드로이드다), 미국 넷플릭스로 드라마를 보고, 미국 유튜브로 영상을 본다. 사무실에서는 미국 MS 워드나 엑셀, 파워포인트를 쓰고 매달 꼬박꼬박 사용료를 미국으로 보낸다. 우리가 알게 모르게.

우리는 한국에 살지만 미국이 만들고 운영하는 질서 속에서 살아왔다. 미국식 자본주의는 1990년대에 최정점을 이루고, 이후 2010년대까지 '나홀로 번영'을 구가해왔다. 이때까지 우리가 적용하는 9가지 경제지표와 매직 경제 프레임워크는 완벽하게 작동했다. 그런데 예외가 생기기 시작했다. 바로 중국 때문이다. 미국 중심인 하나의 세상, 즉 팍스 아메리카나가 중국의 도전에 두 개의 분리된 세상으로 변해가고 있다. 특히 중국이 러시아 등과 연대해 더욱 강력한 하나의 질서로 자리잡으면서, 두 개의 세계가 생겨나는 과정이다. 그래서 투자의 세계에서도 자주 등장하는 단어가 분리, 세퍼레이션separation이다.

분리된 세상의 개념이 중요한 이유는 예외가 생기기 때문이다. 예를 들어, 미국 중심 세계에서는 물가와 금리와 성장이 같이 간다. 그러나 분리된 세상에서는 금리와 물가는 오르는데 성장은 낮은 경우도 발생한다. 즉 우리가 적용하는 원리에 예외가 발생하기 때문에, 새로운 국제 질서에 대한 이해가 필요하다. 일반적으로는 우리가 알고 있는 '9가지 경제 지표'와 '매직 경제 프레임'으로 현상을 해석하고 적용하면 된다. 여기에 중국의 영향력이 어떻게 작동하는지 마지막으로 확인이 필요하다. 그렇게 분리된 세계의 기준으로 최종 점검을 하면 우리의 전망이 더욱 정확해진다.

지금까지 4가지 프레임워크를 살펴보았다. 다시 확인해보자. 경제는 간단한 것이다. 투자를 위한 경제 지식은 그렇게 방대하거나 이해가 불가능한 게 아니다. 그렇게 느껴질 뿐이다. 복잡한 수식 없이 직관적으로 이해할 수 있는 영역이 대부분이다. 다만 경제나 투자의 세계가 익숙하지 않아서 무엇을 보아야 하고, 무엇이 중요한 핵심인지 모르기 때문에 복잡해보일 뿐이다.

이제 우리는 정확히 이해하고 있다. 9가지 경제 지표만 확인하자. 그리고 그 지표를 매직 경제 프레임워크에 넣어서 해석해보자. 그럼 쌀 몇 줌이 뻥튀기로 바뀌어서 나오는 고소함을 매일 경험하게 될 것이다.

2장

경기 흐름을 예측하는
'장단기금리차'

1

장단기금리차와
시티 서프라이즈 인덱스

투자를 하는 데 있어 가장 중요한 판단은 '지금의' 경제 상태, 즉 경기가 어떤 국면에 있는지 아는 것과 '앞으로의' 경기가 어떻게 될 지 아는 것이다. 앞서 우리는 경제는 사이클이라고 보았다. 경기도 마찬가지로 높아지고 낮아지는 사이클을 갖는다. 따라서 이런 사이클에서 현재 경기의 위치를 가늠하는 것이 경제 해석과 투자 판단에 가장 중요하다.

경제 해석에서 시간은 단기, 중기, 장기로 구분하곤 한다. 절대적인 시간 개념은 아니지만 단기는 며칠, 중기는 몇 달 또는 몇 분기, 장기는 몇 년을 의미한다. 따라서 현재의 상황을 진단하기 위해서는 몇 년에 걸친 사이클의 어느 지점에 있는지를 알고, 큰 사이클 가운데 단기로는 어떤 위치에 있는지 아는 것이 필요하다. 이를 해석하는 지표가 '장단기금리차'와 '시티 서프라이즈 인덱스'다. 이 둘을 적절하게 조합하면 장기 경기 사이클의 위치와, 현재 경기 상황을 진단하고 미래를 예측할 수 있다.

10년 경제 사이클은
장단기금리차가 말해준다

먼저 장기부터 보자. 앞서 매직 경제 프레임워크에서 '경제는 사이클이다'라는 원리를 확인했다. 경제는 사이클이며 주기적으로 순환한다. 미국 경제도 과거 10년 정도의 주기로 호황과 불황을 반복한다. 그래서 10년 단위로 위기가 온다는 '10년 경기 주기설'이 있다. 여기서 위기는 곧 불황과도 같은 의미로, 미국 경제는 10년 단위로 큰 불황을 겪어 왔다. 이러한 10년 주기 사이클에 따라 미국 경기를 예측할 수 있고, 이를 잘 보여주는 것이 장단기금리차다. '장단기 스프레드'로도 불리는 장단기금리차는 미국 경기의 장기 사이클을 보여준다. 참고로 통상 스프레드spread라는 용어는 '차이'를 의미한다. 예를 들어 2-10 스프레드는 2년채 금리와 10년채 금리의 차이다. 10년채 금리에서 2년채 금리를 뺀 것으로, 이것이 바로 장단기금리차다.

혼들리지 않는 투자를 위한 경제지표9

10주 경제 사이클은
시티 서프라이즈 인덱스가 말해준다

10년 주기의 장기적 경제 사이클을 이해하는 것이 매우 중요하지만, 단기적인 판단에는 한계가 있다. 그래서 단기에 유용한 지표가 '시티 서프라이즈 인덱스'다. 자세한 설명은 뒤에서 이어가자.

대략 10주 내외의 경기에 대해 우리가 진단하고 예측하고자 할 때는 시티 서프라이즈 인덱스를 참고하면 좋다. 경기는 기본적으로 장기적인 사이클을 보여주지만, 단기로도 높아지면 낮아지고 낮아지면 높아지는 패턴을 갖기 때문이다. 샤워할 때 물이 너무 차면 온수를 늘리고, 너무 뜨거우면 냉수를 늘리면서 뜨겁고 차가운 수준을 반복하는 것과 같다.

2

장단기금리차는 미래 경기를 알고 있다

경기 10년 주기설

거시경제에서 가장 기본적인 사이클이 미국 장단기금리차가 보여주는 경기 사이클이다. 장단기금리차는 말 그대로 장기금리에서 단기금리를 뺀 차이다. 이를 장단기금리차 또는 '2-10 스프레드'로 부른다. 장단기금리차에서 우리가 알아야 할 포인트는 두 가지다.

- **장단기금리차는 경기를 표시한다.**
- **장단기금리차 사이클은 대략 10년 주기를 갖는다.**

무엇보다 장단기금리차가 왜 경기를 보여주는지 이해하자. 극단적인 두 가지 경우를 살펴보면 이해가 쉽다. 장단기금리차가 크면 호황이다. 장단기금리차가 크기 위해서는 장기금리는 높고, 단기금리는 낮아야 한다. 이것은 어떤 상황일까? 여러 복잡한 경제 이론이 뒤에 깔려 있지만 아주 쉽게 접근해보자.

먼저 단기금리는 2년채로 확인할 수 있다. 통상 2년채 금리는 연준의 기준금리**연준이 정하는 금리**와 비슷한 속성이 있다. 반면 10년채 금리는 시장금리의 영향이 크다. 따라서 장단기금리차가 크다는 것은 연준의 기준금리는 낮고, 시장의 금리는 높다는 말이다. 즉 미국의 중앙은행인 연준은 금리를 매우 낮게 유지하고 있는데 시장은 고금리**금리는 물가, 성장과 같이 간다**란 말이다. 곧 성장에 대한 기대가 높다는 것이다. 연준이 제로금리 정책을 취하고 있어서 돈을 빌리기는 쉬운데, 시장은 성장기대가 크니 당연히 호황이 아니겠는가?

반대로 장단기금리차가 작다는 무슨 의미일까? 단기금리와 장기금리가 거의 같다는 의미이다. 이런 조건은 단기금리, 즉 연준의 기준금리가 높아져서 시장금리와 거의 같아지는 상황이 됐다는 의미이다. 기준금리가 높아지면 은행들도 이자율을 올리고, 돈을 빌리는 이자가 높아진다. 다른 말로 자본 조달 비용이 높아진다. 그럼 개인은 은행 이자가 부담돼 대출을 줄이고, 기업들도 투자를 줄인다. 당연히 개인의 소비와 기업 투자가 줄어 경기는 냉각되고, 이 추세가 심해지면 불황에 이르게 된다.

다음 그림에서 확인해보자. 회색 영역이 미국의 불황기다. 즉, GDP가 역성장하는 구간이다. 2008년 마이너스인 장단기금리차는 이후

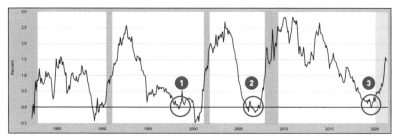

미국 장단기금리차 추이. 미국 경기는 10년 주기를 보여준다. 2000년 2008년 2020년 대략 10년 주기로 불황을 겪는 사이클이다.

자료:FRED

2.8%까지 오른다, 2014년 즈음 정점을 찍고 2020년 다시 '0'에 근접하면서 불황을 보인다. 정확히 10년은 아니지만 대략 10년 주기로 불황이 온다.

1998년(①)에 불황을 겪고 다시 장단기금리차가 높아지면서 경기가 좋아지고, 이후 정점을 찍고 다시 2008년(②)에 불황에 이른다. 그리고 2020년 코로나로 인한 다운 사이클(③)도 비슷하게 10년 주기로 불황 사이클이 왔다. 더 이전의 1990년대 사이클도 비슷하게 10년 주기로 좋아졌다 나빠졌다를 반복했다. 그래서 경제 위기 10년 주기설, 이에 맞춰 한국 부동산도 10년 주기설이 있다. 모든 경제 관련 사이클은 미국의 장단기금리차가 만드는 경기 사이클에 근원을 두고 있다고 봐도 무방하다.

2년과 10년 금리차는
현재 경기의 위치와 미래를 보여준다

　　　　　　　　　　　　　　혼들리지 않는 투자를 위한 경제지표9

장단기금리차는 경기를 보여준다는 의미에서 '경기 커브'라고 부른다. 또 연준이 만들어낸다는 의미에서 '연준 커브'라고도 부른다. 앞으로 연준 커브, 경기 커브는 장단기금리차를 보여주는 커브로 이해하자.

2020년(③)으로 돌아가보자. 당시 경기 커브는 '0'보다 조금 낮은 마이너스 값을 보여준다. 그 말은 경기가 불황이거나 불황에 가깝다는 의미이다. 우리가 해석이 필요한 포인트는 두 가지다.

- **현재 위치는 경기 불황에 가깝다.**
- **현재 경기는 이제 거의 저점이므로, 앞으로 경기는 반등 사이클로 돌아선다.**

현재의 경기 상황과 미래의 경기 반등을 이해한다면 투자 결정을 쉽게 내릴 수 있다. 불황에 처한 상황이므로 뉴스는 연일 좋지 않은 소식뿐이고, 주식시장은 하락하고 경제 위기설이 퍼지고 있을 것이다. 뉴스는 언제나 초단기적으로 현재 나타나는 상황만 전하기 때문이고, 그럼 시장은 온통 비관적인 전망으로 가득 차고 투자자들은 공포심에 빠지게 된다. 그리고 보유하고 있는 자산, 특히 주식을 매각하게 된다.

그러나 그때가 10년 경기 사이클의 저점이며, 동시에 다시 시작될 경기 사이클의 시작임을 전망한다면 투자는 달라진다. 오히려 앞으로 다시 강하게 반등할 경기 사이클을 믿고, 공포에 투자를 더 늘릴 수 있게 된다. 이런 의미에서 경기 커브, 장단기금리차의 이해는 투자의 가장 기본적인 확인 지표다. 매번 위기가 닥칠 때 '이번에는 달라'라고 하지만 '이번에도 역시' 위기는 극복되고 또 인류는 진보한다. 이것이 장단기금리차, 경기 커브가 보여주는 힘이고 우리는 이를 잘 활용할 필요가 있다.

경기 반등 초기에는
3번의 고점을 만든다

불황을 겪으면 경기가 다시 반등한다는 것을 경기 커브에서 확인했다. 그럼 경기 저점에서, 우리는 이후 흐름을 어떻게 예상할 수 있는가? 이에 맞춰 투자는 어떻게 해야 하는가? 가장 먼저 확인할 것은 반등 초반, 3번의 경기 커브 고점을 이해하는 것이다.

경기 커브는 마이너스에서 반등할 때 3번의 고점을 기록하면서 오른다. 고점은 탑top으로 표현한다. 첫 번째 탑은 자율반등에 의한 탑이다. 경기가 위기 수준이면 미국 정부든, 연준이든 대책을 내놓는다. 이런 액션에 의한 기술적 반등으로 첫 번째 탑이 나온다. 더 나빠지지 못하니 좋아지는 상황으로도 이해가 가능하다.

첫 번째 탑이 나오면 투자는 공격적으로 전환해야 한다. 이때 나타나는 현상은 연준은 금리를 급격하게 내리고, 정부는 예산을 풀기 시작한다. 이때는 미국 정부와 연준을 믿고 투자를 확대할 때가 된다.

두 번째 탑은 연준이 인내하면서 경기는 더 좋아지는 상황에서 만드는 탑이다. 경기가 저점에서 회복하며 좋아지고 있지만, 연준은 금리를 여전히 낮게 유지한다. 이때가 투자에는 골든 타임이다. 어려운 경기

혼들리지 않는 투자를 위한 경제지표9

에서 이제 막 반등하고 있는 상황이라, 회복의 불씨를 끄지 않기 위해 연준은 섣불리 금리를 올리지 않는다. 2008년과 2020년 불황 때 1년 이상 연준은 제로금리를 유지했다. 연준의 기준금리는 낮고, 시장에 정부 지원은 많아지니 시장은 매우 빠르게 좋아진다. 일종의 대세상승을 이룬다. 이런 호경기는 세 번째 탑을 맞이하고 천천히 식어간다.

세 번째 탑은 연준이 금리를 올리면서 여전히 경기가 좋은 구간이다. 두 번째 구간에서 경기가 좋았기 때문에, 때로는 너무 좋았기 때문에 연준이 금리를 올리기 시작해도 시장에는 자만이 가득하다. 그래서 연준이 금리를 일부 올려도 경기는 여전히 좋다. 그러나 이 세 번째 탑에 이르러서는 다가올 경기 내리막을 예상해야 한다. 왜냐하면 정부와 연준은 경기가 좋을 때, 또는 너무 좋을 때 지원을 줄이고 오히려 긴축으로 전환하기 때문이다. 우리는 이를 '경기 후반 사이클'이라 부른다. 앞선 그래프에서 2015년 이후를 이런 구간으로 볼 수 있다.

그렇다면 2022년은 어느 구간에 있을까? 경기 불황에서 벗어나 호황기 전반 국면이다. 커브는 빠르게 상승하다가 다시 하락하는 국면이다. 연준이 금리를 올리기 시작하지만 경기는 아직 좋은 국면. 세 번의 탑으로 분류한다면 두 번째 탑과 세 번째 탑의 사이에 있는 구간으로 해석이 가능하다. 당분간 경기가 급격히 나빠지지 않겠지만, 엄청나게 빠르게 좋아지기도 어려운 구간으로 접어들었다고 이해된다.

3 금리에는 여러 종류가 있다

금리는 이자율과 같은 개념이다. 이자는 돈의 값이고, 그 일정한 기준이 이자율이다. 그리고 이자율은 금리와 같은 개념이다. '금리' 하면 보통은 은행금리·대출금리·예금금리 등이 떠오르는데, 주택담보대출·마이너스통장 금리 등도 실생활에서 자주 듣는 금리의 종류다.

이와 더불어 우리가 알아야 할 몇 가지 금리의 종류가 있다. 금리는 대체로 국채의 이자율을 의미한다. 국가가 채권빛 증서을 발행할 때의 이자율이 금리다. 따라서 이제부터는 '금리' 하면 채권을 떠올리자. 채권이 익숙하지 않은 경우가 많은데, 쉽게 생각해서 빚 증서라고 이해하면 쉽다. 금리는 시간의 길이로 구분하는 단기금리와 장기금리, 금리를 정하는 주체에 따라 구분하는 정책금리기준금리와 시중금리, 그리고 결정 시기에 따라서 구분하는 발행금리와 유통금리가 있다.

단기금리와 장기금리

통상 단기채는 2년 국채, 장기채는 10년 국채를 말한다. 단기금리
는 보통 2년 이하의 국채에 대한 금리로, 2년·1년·6개월·3개월·1개
월 등의 단기채권 금리다. 반대로 장기금리는 10년·30년 등 장기채권
에 대한 금리다. 통상 단기금리는 장기금리에 비해 낮다. 일드는 채권
의 이자율을 포함한 수익률을 말하는데, 이것의 변화를 연결한 곡선을
일드커브yield curve라고 한다. 친구에게 돈을 빌려줄 때 1개월 후에 돌려
받는 것과 10년 후 돌려받는 경우, 어느 쪽에 더 높은 이자를 요구할까?
당연히 10년이다. 10년 동안 무슨 일이 생길지 모르기 때문이다. 다른
말로 리스크가 높아지기 때문이다. 경제에서 리스크가 있을 때는 반드
시 대가를 지불해야만 한다. 그것을 리스크 프리미엄risk premium이라 부
르는데, 일단 '리스크는 대가 지불이 필요하다'는 정도만 확인하자.

정책금리와 시중금리

정책금리는 각 나라의 중앙은행이 정하는 금리다. 미국의 경우 연
준, 한국의 경우 한국은행이 정한다. 다른 말로 기준금리다. 시장의
기준이 되는 금리이기 때문이다. 우리가 뉴스에서 듣는 '미국 금리 인
상'의 금리는 이 정책금리다. 미국은 정확히 연방기금금리EFFR, Effective
Federal Fund rate이다. 2020년 코로나 위기 때 '제로금리'로 불린 금리가 이

기준금리, 곧 정책금리이다. 정책금리는 앞서 기간별 금리로 생각해보면 초단기금리다. 연준이 대형 은행에 매일 정산할 때 지불하는 이자와도 같기 때문이다(시중은행은 매일 채권 등 트레이딩을 하고 부족한 현금이나 남는 현금을 연준이 정한 금리에 따라 거래하는데 이때 적용되는 금리와 비슷하다). 기준금리, 또는 정책금리는 단기채 금리에 직접적인 영향을 미친다. 만일 연준이 기준금리를 올리려고 하거나 올릴 경우 단기채 금리, 예를 들어 2년채·3년채 금리는 급등한다. 당연히 장단기금리차도 급격히 줄어들고, 경기도 가라앉는다.

시중금리는 반대로 시장이 정하는 금리다. 보통 미국 10년 국채 금리가 시중금리로 불린다. 시장에서 채권을 사고팔면, 여기에서 정해지는 금리가 시중금리가 되기 때문이다. 쉽게 생각해보자. 10년채 금리라면 10년 후에 갚겠다는 빚 보증서다. 그런데 발행 후 점차 시간이 지날수록 처음 발행될 때와는 경제 환경이 많이 달라지고, 그에 따라 채권의 가격과 금리도 변한다. 즉 시장에 의해서 금리가 결정된다. 보통 시중금리라고 하면 10년채 금리로 이해하면 된다.

동시에 10년채 금리는 시중금리면서 성장률과 인플레이션에 대한 기대와도 비슷한 성격을 지닌다. 앞서 프레임워크에서 살펴봤듯이, 금리와 성장률과 인플레이션은 패키지로 움직이기 때문이다. 따라서 시중금리가 높다는 것은 경기 성장에 대한 기대가 높다는 의미다. 10년채 금리, 즉 장기금리가 높으면 당연히 장단기금리차도 높아지고, 경기도 좋다는 의미로 해석할 수 있다.

2008년 리먼 사태와 2020년 코로나 위기

▼

우리는 2008년 리먼 사태와 2020년 코로나 위기를 알고 있다. 그리고 2008년과 2020년에 미국에 불황이 온 것도 보았다. 경제 위기는 왜 찾아올까. 과연 위기가 나서 불황이 오는 것인가? 아니면 불황이 가까워져서 위기가 찾아오는 것인가?

2008년의 사례를 살펴보자. 아래 그래프는 미국 기준금리를 보여준다. 2008년 불황(회색 음영 영역)이 오기 전, 미국 기준금리는 2007년 최고점으로 5%가 넘어간다. 2004년부터 인상된 미국 금리는 2007년까지 지속적으로 인상됐고, 2007년 2월에 5.4%를 기록한다. 그리고 다음 해 미국 경제는 리먼 사태를 맞이하게 되고 동시에 불황에 빠지게 된다.

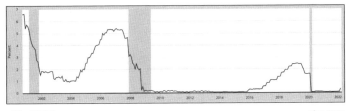

미국 기준금리　　　　　　　　　　　　　　　　　자료: FRED

리먼 사태 때문에 미국이 2008년에 불황에 빠졌다는 것이 표면적인 설명이지만, 10년 경기 사이클과 미국 기준금리를 살펴보면 우리는 이미 2008~2009년 사이 미국 경제가 한차례 불황을 겪을 것임을 예상할 수 있다. 미국 연준이 기준금리를 지속적으로 올리면서 돈을 차입하는 비용은 증가해 경기는 점차 둔화되는 과정에 있었고, 이 와중에 리먼 사태라는 이벤트가 발생했다고 추정할 수도 있다.

동일한 패턴은 다음 사이클에도 나타난다. 2016년부터 연준은 금리를 인상했다. 2019년 금리는 2% 중반으로 올라가고, 경기는 이후 급격하게 둔화되다 2020년에 불황을 맞게 된다. 물론 코로나라는 예상하지 못한 사건 때문에 위기가 더 강화되었지만, 역시 경기 사이클 후반에 벌어진 일들이다. 여기서 한걸음 더 나아가 해석해보면, 경기 호황과 경기 불황은 결국 금리가 만들어내고, 기준금리를 정하는 연준이 궁극적으로 경기 커브를 만들어낸다는 것도 추정할 수 있다. 그래서 우리는 장단기금리차 커브를 경기 커브라고 불렀고, 연준 커브라고도 불렀다.

흔들리지 않는 투자를 위한 경제지표9

일드 커브:
플래트닝, 스티프닝

금리와 관련해 우리가 추가로 알아두어야 할 개념이 '일드_{yield}'다. 이는 이자율이고, 또 금리다. 일드 커브는 금리를 이어놓은 커브로, 아래 그래프와 같다. 미국 국채는 상환기간에 따라 종류가 다양하다. 1개월짜리부터 3개월·6개월·1년·2년·3년·5년·10년·20년·30년 등 다양한 기간별 국채가 존재하고, 이들은 각기 다른 금리를 갖는다. 이렇게 기간에 따라 다른 금리를 연결한 선이 일드 커브다.

Residual Maturity	Yield		
	Last	Chg 1M	Chg 6M
1 month	0.180%	+4.6 bp	+9.6 bp
3 months	0.528%	+19.3 bp	+48.5 bp
6 months	1.068%	+39.9 bp	+101.7 bp
1 year	1.694%	+63.4 bp	+161.5 bp
2 years	2.463%	+93.5 bp	+219.7 bp
3 years	2.638%	+94.5 bp	+215.3 bp
5 years	2.565%	+78.7 bp	+163.5 bp
7 years	2.507%	+63.7 bp	+125.0 bp
10 years	2.389%	+48.5 bp	+92.4 bp
20 years	2.593%	+22.6 bp	+62.0 bp
30 years	2.435%	+15.6 bp	+40.2 bp

미국 국채 금리(2022년 2분기 기준)   자료:www.worldgovernmentbonds.com

일드 커브는 보통 아래와 같이 우상향한다. 단기채보다 장기채 금리가 일반적으로 높기 때문이다. '일드 커브가 스티프하다stiff, 가파르다 혹은 절벽 같다'는 표현이 아래 금리 상황을 보여준다. 반대로 '일드 커브가 플랫하다flat 평평하다' 또는 '일드 커브 플랫트닝flattening'은 이와는 반대의 상황을 보여준다.

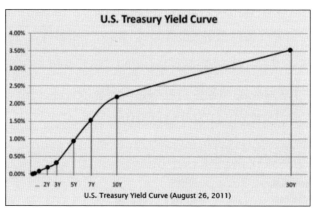

미국 일드 커브　　　　　　　　　　　　　　　　　　　　자료:미국 재무부

다음 페이지의 그래프는 2022년 4월 기준 미국의 일드 커브를 보여준다. 단기채 금리가 계속 올라서 2년채 금리와 10년채 금리가 거의 비슷한 상황이다. 그래서 커브가 평평해졌다. '일드 커브 플래트닝'이다. 앞서 장단기금리차로 해석하면, 금리차가 0에 가깝다는 의미이기도 하다.

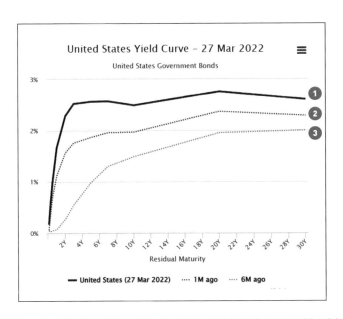

United States Yield Curve - 27 Mar 2022

United States Government Bonds

미국 국채 일드 커브. 미국 국채 수익률을 보여주는 일드 커브①. 엑스축은 기간을 보여주고 있다. 2년짜리 국채와 10년짜리 30년짜리 국채가 2.5%내외의 비슷한 수준으로 전형적인 스티프닝한 금리 상황을 보여주고 있다. ②는 1개월 전이고 ③은 6개월 전이다. 즉 시간이 지날수록 2년채 등 단기금리가 급격히 올라 플래트닝이 심해지고 있다. 연준이 기준금리를 올릴 가능성이 높아지면 이런 플래트닝이 발생하고 경기는 위축되고 증시는 하락 압력을 받는다.

자료: www.worldgovernmentbonds.com

이는 왜 발생하는가? 단기금리가 급격하게 오르기 때문이다. 왜 단기금리가 오를까? 기준금리를 조절하는 연준이 조만간 강하게 금리를 올리겠다는 시그널을 시장에 주기 때문이다. 즉 연준의 금리 인상 초기에 인플레이션이 강하면 이런 플래트닝이 나타난다. ②는 1개월 전의 일드 커브이고, ③은 6개월 전의 일드 커브다. 시간이 지날수록 점점 더 커브가 플랫해지는 것을 볼 수 있다. 이렇게 플랫해질 때 시장은 '연준이 조만간 긴축정책을 펼칠 것이다'로 해석하고, 자산시장은 경계경보로 받아들이게 된다.

경기 커브는 연준이 만들어낸다

지금까지 장단기금리차는 경기를 나타내므로 경기 커브로 부르고, 연준이 조절하므로 연준 커브라고 불렀다. 이번 장에서는 연준이 어떻게 금리를 결정하고, 실제 경기를 지배하는지 살펴보자. 아래 그래프는 기존에 살펴보았던 장단기금리차에 미국 기준금리를 합쳐놓았다.

2007년 미국 기준금리(①)는 최고점인 5.4%에 이르고, 동시에 장단기금리차(②)는 소폭 마이너스를 기록한다. 그리고 이듬해인 2008년에 미국 경제는 불황에 빠져든다. 그리고 2016년부터 지속적으로 오른 기준금리는 2019년 정점을 이루며, 그때 장단기금리차, 즉 경기 커브는 '0'에 가까워진다. 그리고 이듬해인 2020년에 미국 경제는 불황에 접어든다.

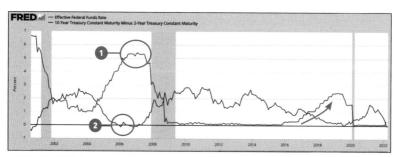

미국의 기준금리(①)와 경기 커브   자료: FRED

이 두 그래프를 비교하면 장단기금리차 즉 경기 커브, 연준의 기준금리와의 상관관계를 한눈에 볼 수 있다. 연준이 금리를 올리기 시작하면, 경기는 내려가기 시작한다. 반대로 연준이 금리를 급격하게 내리면

혼들리지 않는 투자를 위한 경제지표9

경기는 다시 올라가고, 다시 정점을 지나 연준이 금리를 정점으로 올리면 경기는 바닥을 찍는다. 그리고 불황이 찾아온다. 이는 우연이 아니라, 경기 커브가 연준의 금리 같은 정책에 좌지우지됨을 보여준다. 통화정책을 통해 연준은 미국의 경기를 실질적으로 결정하는 힘이 있다. 그래서 우리는 연준의 정책, 특히 기준금리의 변동에 민감하게 반응하는 것이다.

앞서 세상에 돈은 미국 돈인 달러밖에 없다고 했다. 미국 금리가 변하면 미국의 경기가 달라지고, 미국 경기가 달라지면 한국 또한 경기가 달라진다. 장단기금리차에서 시작한 금리는 경기를 보여주는 경기 커브로 이어지고, 이는 금리를 통해 연준이 지배하는 연준 커브로 귀결됨을 우리는 이해해야 한다. 반대로 연준이 액션을 취하면 금리가 달라지고, 곧 미국 경기가 달라지고, 다시 한국의 금리도 경기도 달라진다.

연준이 경기를 지배하는 메커니즘

연준은 어떻게 경제와 경기, 그리고 투자를 지배할까? 힌트는 앞서 살펴봤듯이 '금리와 성장률과 인플레이션은 세트로 움직인다'는 원칙에 있다. 연준은 경제성장률에 관여하고, 성장률은 인플레이션과 연계되며 이는 실질금리를 결정하게 된다. 어려운 용어의 연속이다. 하나씩 살펴보자.

경제 성장에는 4가지 변수가 작동한다. 우리가 중학교에서 배웠듯이, 성장 지표인 GDP는 '개인의 소비 + 기업의 투자 + 정부의 예산 + 순수출'이다. 경제 성장이 일어나려면 개인이 더 많이 소비하거나, 기업이 더 투자하거나, 정부가 더 예산을 확대하거나, 수출이 더 증가하면 된다. 연준 같은 중앙은행은 금리를 낮게 유지하고 시중에 돈을 풍부하게 공급해 이자율을 낮추고, 이자 부담이 줄면 개인은 대출을 늘리고 기업도 투자를 늘린다. 자금조달 비용이 줄어들기 때문이다.

예를 들어 2020년에는 이자율이 낮으니, 많은 사람이 은행에서 대출을 내 주식도 사고 아파트도 샀다. 그래서 주가도 오르고 아파트 가격도 상승하는 것을 보았다. 그래서 나온 용어가 '동학개미'였고, 부동산 시장 '광풍'이었다. 성장률이 높아졌다는 이야기는 그만큼 경기가 좋다는 의미이고, 실업자가 적다는 의미다. 고용이 좋아서 소득도 늘고 소비도 증가한다. 그럼 순차적으로 인플레이션이 높아지는 경향이 있다. 만일 금리가 올라가는 것보다 인플레이션 수준이 낮으면, 실질금리는 올라가고 금이나 원자재 가격은 내려간다. 부동산과 증시도 마찬가지다. 이렇게 하나의 사이클이 완성된다.

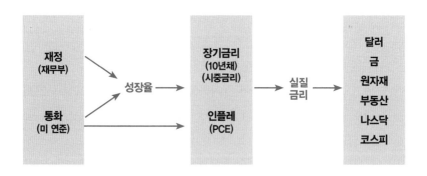

연준과 재무부로부터 시작되는 정책효과의 전달 경로

혼들리지 않는 투자를 위한 경제지표9

방금 본 그림은 연준 정책효과의 전달 경로다. 중앙은행과 정부가 부양책을 펴면 고용이 증가하고, 고용이 증가하면서 성장과 인플레이션이 높아지고, 실질금리도 높아지면서 원자재나 자산가격도 상승하다가 다시 하락의 경로를 밟게 되는 과정이다. 연준은 이와 같이 금리와 성장률, 그리고 실질금리를 통해 경기에 영향을 미치고, 이는 달러·금·원유·부동산·증시 등에도 직접적으로 영향을 미친다.

연준의 끝없는 무기①
QE와 QT

연준은 기본적으로 기준금리를 올리거나 내려 시장을 결정한다. 그런데 금리 외에도 다양한 수단들이 있다. 대표적으로 연준과 관련해 우리가 많이 듣는 케이스는 양적완화QE와 양적긴축QT이다. 2022년 연준은 2021년까지 펼쳐온 QE를 접고 QT로 전환한다. QE와 QT는 비교적 쉽고 중요한 내용이므로 자세히 살펴보자.

양적완화QE, Quantitive Easing

양적완화는 비전통적인 방식의 통화정책으로, 연준이 채권 매입을 통해 시중에 유동성을 공급하는 방식이다. 연준은 전통적으로 정책금리(단기금리)를 올리거나 내림으로써 시장 금리와 인플레이션에 영향을 미친다. 이런 통화 정책 프로세스가 전통적 방식이다. 그러나 2008년

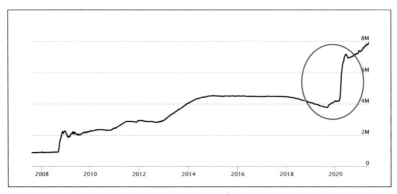

연준의 자산 증감 추이   자료 www.federareserve.gov

미국 리먼 사태로 금융기관들이 일시적인 유동성 리스크를 겪으면서, 당시 밴 버냉키 연준 의장이 1~3차에 걸쳐 추진했던 돈풀기 정책이 QE 다. 과격하게 이야기하자면 위기 상황에서 연준이 금리를 하한선인 제로까지 낮춰도 금융시스템이 제대로 돌아가지 않자, '은행의 은행'인 중앙은행이 시중 은행에 직접 돈을 준 것으로 이해해도 무방하다.

이와 반대되는 개념이 요즘 우리가 자주 듣는 테이퍼링Tapering, **수도꼭지를 잠금**이다. 연준으로부터 시장에 나오는 달러의 수돗물을 이제는 잠근다는 의미다. 위 차트는 연준의 자산증가 추이를 보여준다. 1~3차 양적완화를 통해 연준 자산이 3T$(3조 달러, 한화 약 3,300조 원)정도가 그 기간에 늘어났음을 볼 수 있다. 이와 유사한 성격의 QE가 2020년 코로나 이후 다시 진행되고, 연준의 자산이 다시 한번 3T$정도 증가함을 볼 수 있다. 그래서 이렇게 늘어난 유동성으로 일어난 슈퍼 사이클 - 증시·원자재 가격·부동산 가격 급등 - 을 '코로나 골디락스의 시대', 또는 '모든 것들의 슈퍼 사이클'이라고 부른다.

양적긴축QT, Quantitive tightening

QE와는 반대로, 연준이 시중 돈을 회수해 유통되는 통화량을 줄이는 정책이다. 일반적으로 연준이 보유하고 있는 국채나 모기지 채권을 매도해 시중에서 현금을 회수해나간다. 2020~2021년 코로나 대응을 위해 시중에 돈을 풀어왔던 연준은, 2022년 3월까지 QE를 마치고 일정 시간을 두고 2022년 하반기부터 QT를 시행해 나갈 예정이라고 밝히고 있다.

앞서 설명한 테이퍼링은 QE의 양을 단계적으로 줄여나간다는 의미로, 시중에는 아직 적게나마 여전히 돈이 풀리는 상황이다. QT는 시중의 돈을 연준이 회수하는 과정이므로, 시중 유동성이 줄어들고 주식시장이나 부동산 시장에도 매수 자금이 줄어들어, 일반적으로 시장은 하락세를 보이게 된다.

앞서 보았듯이 코로나 기간 동안 늘어난 4조 달러 정도 규모의 돈을 일시적으로 회수한다면 어떻게 될까? 시장은 멜트다운melt down, 붕괴될 것이다. 그래서 연준은 QT를 단계적이고 장기적으로 하려 한다. 그래야 시장의 충격을 줄이면서 경기도 약화시키지 않고, 늘어난 통화만 회수할 수 있기 때문이다. 과연 이런 매직을 연준이 이뤄낼지 2022년 이후 지켜볼 포인트다.

연준의 끝없는 무기②
연준에 맞서지 말라

고급

연준에 대해서는 아무리 설명해도 중요하기 때문에 연준의 정책 수단들을 추가로 살펴본다. 그러나 반드시 이해해야 하는 부분은 아니므로 가볍게 읽고 넘어가도 좋다.

연준은 끝이 없는 무기를 갖고 있다. 나열해보면 이렇다. 금리 조절, RRP역환매조건부채권, 포워드 가이던스선제지침, QQE양적질적완화, 정책(마이너스 금리), MMT현대통화이론, YCC채권수익률곡선 통제, OT장기채권 매입비중 확대, 채권 매도 등이다.

핵심은 시장의 금리와 인플레 기대감을 조절하는 메커니즘이다. 금리 조절은 정책금리를 올리고 내리면서 시중의 인플레 기대감을 조절하는 전통적인 방법이다. 금리에는 연방정책기금금리FFR과 초과지준금리IOER을 구분해서 볼 수 있다. '역레포'라 불리는 RRPReverse Repurchase Agreement는 연준이 보유한 채권을 매도하여 시중의 현금을 흡수하는 방식이다. 레포(RP)는 반대의 방식으로 시중에 현금을 공급하는 방식이다. 포워드 가이던스forward guidance는 '미래 지침'이라고 해석되고, 1~2년 후 금리의 예상 경로를 포함한 장래의 방향을 제시하는 것이다. 이외 정책들은 비전통적 방식들로 추가 설명을 넣어보자.

QE와 QQE

QE는 앞서 살펴본 양적완화, 채권매입 프로그램이다. QQEQuantitative and qualitative monetary는 여기에 'Quality'가 더해진 개념으로, 2016년 일본이 마이너스 금리를 도입하고 YCCYield Curve Control을 시행한 사례가 있다. 일본 중앙은행 일본은행 구로다 총재는 디플레이션에 대응하기 위해, 채권 매입뿐 아니라 금리를 마이너스로 내리고, 채권 이자율을 제한하는 YCC 정책을 시행해오고 있다. QQE는 이런 정책 조합을 합한 통화 프로그램이다.

앞서 그래프에서 확인할 수 있듯이 연준의 채권 매입은 2008년 11월, 2010년 11월 그리고 2012년 9월 큰 폭으로 증가한다. 그리고 다시 2020년 3월 이후부터 지속적으로 증가하고 있다. 이는 코로나 때문에 타격을 받은 경제를 부양하기 위한 채권 매입 프로그램이 가동됐기 때문이라는 것을 입증한다.

마이너스 금리와 YCC

2016년 일본의 사례에서 봤듯이 정책 금리를 마이너스로 만들어 자금조달 비용을 낮추고, 미래 기대 디플레이션을 높여서 소비를 유도하는 전략이 있었다. 동시에 일본은 통화 유동성을 상당히 늘리는 정책, 즉 '아베노믹스'를 시행했는데, 이는 '유사 MMT'의 사례로 볼 수 있다. 마이너스 금리에 대해 미국 연준은 검토 대상이 아니라고 못을 박았다. 2020년 3월 코로나로 위기에 처했을 때 시장은 마이너스 금리를 강하게 요구했지만, 연준은 전혀 그럴 의사가 없음을 수차례 밝혔다. 이에 대해서 우리는 이런 이해가 가능하다. 2016년 이래 시작된 일본의 마이너스 금리 실험에 대해 연준의 연구보고서는 다음과 같은 결론을 내렸다.

마이너스 금리는 궁극적으로 인플레이션 기대를 낮춰 디플레이션 악순환에서 벗어나는 데 긍정적인 영향을 준다고 보기 어렵다. (2020, FED)

간단히 말해 마이너스 금리가 디플레이션 해소에 장기적으로 도움이 되지 않는다는 이야기다. 인플레이션의 기대가설을 생각하면 직관적으로 이해가 되는 대목이다. 따라서 앞으로도 연준이 마이너스 금리를 채택할 가능성은 매우 낮아 보인다. 그리고 마이너스 금리로 가지 않기 위해, 즉 미 재무부가 잠재성장률을 높이기 위해 인프라 투자 등 경제 부양을 주저하지 않을 것으로 추정할 수 있다.

오퍼레이션 트위스트$_{OT}$와 일드 커브 컨트롤$_{YCC}$

고급

연준 정책 수단 중 가장 어려운 개념 중 하나다. 복잡한 내용일 수 있으니 건너뛰어도 무방하다. 오퍼레이션 트위스트는 장기-단기 간 금리 조절을 위한 통화정책이다. 장기금리는 낮추고 단기금리는 올리기 위해, 연준이 10년 장기채를 매입하고 2년 단기채는 매도하면 장기금리(시중금리)가 낮아지는 효과가 발생한다. 2013년 미국의 연준 버냉키 의장이 실험했던 사례가 있다.

이보다 한 발 더 나아간 직접적인 시중 금리 컨트롤이 YCCyield curve control다. 앞서 전통적 방식인 금리 조절이 연준의 가장 중요한 통화 무기임을 보았다. 이에 가장 대척점에 있는, 가장 비전통적인 정책이 YCC다. 앞서 10년 채권금리는 시중금리라고 표현했다. 중앙은행이 정하는 금리가 아니라 시장에서 정해지는 금리라는 의미다. 그런데 이러한 시중금리yield를 중앙은행이 직접 한정하는 정책이므로 그 강도를 짐작할 수 있다. 스위스, 호주, 일본 등이 경험이 있으며 매우 이례적인 상황에서 사용하는 무기다. 연준은 2021년 5월 '내부 검토 중'이라는 표현 외에 YCC에 대해서 적극적으로 표현한 바가 없다.

유사 MMT & MMT

MMTModern Monetary Theory는 '현대 통화 이론' 정도로 번역 가능하다. 핵심은 기존의 정통 통화 이론과 달리, 다음과 같은 주장을 담고 있다.

- **통화량이 증가해도 인플레이션이 발생하지 않으므로**
- **최대한 통화량을 발행해서 일자리를 늘리는 등**
- **공공의 투자를 확대해야 한다**

정통 통화론자 입장에서는 수긍하기 어렵지만, 2008년 이후 미국의 통화 팽창에도 인플레이션이 2%대에 머물러 있다는 점, 2012년 이후 일본의 경험에서 보듯 통화 유동성을 증가해도 인플레가 매우 미약함을 실증적 근거로 삼고 있다. 아직은 이론으로 정립되었다기보다는 실험의 과정으로 이해할 수 있다. 그럼에도 미국의 2020년 3월 이후 급격한 통화 팽창과 '바이드노믹스'의 강력한 재정 부양은 MMT와 매우 유사한 성격을 띠고 있다. 이는 마치 '아베노믹스'의 강력한 통화 팽창과 환율 약세(일본 엔화 약세)로 수출 증대, 경기 부양을 노렸던 것과 같은 맥락이다. 그래서 우리는 이를 본격적인 MMT에 앞서 이와 비슷한 '유사 MMT'라 부를 수 있다.

코로나 사태에서 미국이 보여준 강력한 재정 부양과 통화 팽창이 유사 MMT로 볼 수 있다면, 2021~2022년 인플레가 과연 동반되지 않을지, 지금 제기되고 있는 인플레이션 우려가 현실이 될지는 매우 의미 있는 MMT의 시험대가 될 것이다.

3

시티 인덱스는
10주 후를
알고 있다

📊➡️

단기 경제 사이클이 궁금하다면
시티 인덱스를 보자

10년 장기 사이클은 매우 중요한 개념인 만큼 상당히 긴 분량을 할애했다. 이어지는 시티 인덱스는 상대적으로 짧게 정리해보자. 시티은행은 매주 '시티 서프라이즈 인덱스'를 발표한다. 매주 실적 전망치와 실제치를 비교해, 그 차이를 인덱스로 지수화해서 보여준다. 인덱스 그래프는 다음의 그림과 같다. 숫자가 높다는 것은 전망보다 실적이 좋다는 것, 즉 경기가 좋다는 의미이다. 반대이면 경기가 기대보다 안 좋다는 의미다. 줄여서 '시티 인덱스'라고 하는데, 기대와 실제 사이의 차이를 보여줘 단기간의 경기 지표로 쓰인다. 자세한 해석 방법은 다음으로 이어가 보자.

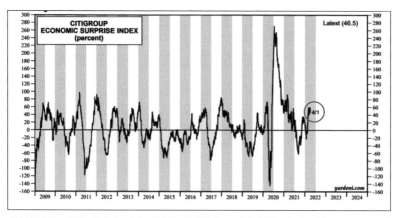

시티 서프라이즈 인덱스. 시티 서프라이즈 인덱스는 휴먼 인덱스로 경기 전망을 묻는 지표이다. 단기적인 경기 사이클을 추정할 수 있다.

자료:야디니

단기에도 바닥과 천장이 있고,
사이클은 순환한다

시티 인덱스의 해석은 두 가지 포인트가 중요하다.

1) 절대값 : 0보다 높으면 기대보다 경기가 좋다는 긍정적 의미

2) 탑-바텀 반복 : 그래프에서 보듯 양의 값과 제로, 그리고 음의 값이 주기적으로 반복

물론 그 주기가 정해져 있지 않지만, 일정 수준 이상으로 크게 올라가거나 크게 내려가지 않는다. 2020년의 엄청난 하락과 상승은 코로나라는 특수 상황이기 때문에 나온 이례적인 케이스다. 따라서 인덱스가 반복되기 때문에 어느 정도 지수가 올라오면 이제 다시 내려갈 가능성이 높아지고 반대로 상당히 낮아지면 반등할 가능성이 높아진다. 시티 인덱스를 보면서 단기 경기가 어떤지는 절대값을 보면서 해석하고, 이 추세가 변할지는 탑top과 바텀bottom을 보면서 해석할 수 있다.

예를 들어 위 그래프 끝 부분의 4월 1일 인덱스는 46이다. 그럼 경기는 양이고 꽤 좋은 수치다. 그러나 단기로 보면 상단에 가깝기 때문에 단기적으로 하락할 가능성이 있다는 것을 추론할 수 있다. 이는 시티 인덱스와 미국의 10년채 금리 변화를 같이 보면 더 많은 힌트를 얻을 수 있다.

시티 인덱스와 미국 국채 금리는 비슷하게 움직인다

중급

시티 인덱스가 단기적인 경기 전망치를 보여준다고 했다. 그렇기 때문에 시티 인덱스는 미국의 장기채이면서 시중금리인 10년채 금리 변화와 매우 유사한 흐름을 보여준다. 아래 그래프는 시티 인덱스와 10년채 금리 변화를 함께 보여주고 있다. 두 수치가 완전히 일치하지는 않지만, 변화 패턴이나 폭에서 상당히 상관관계가 높음을 볼 수 있다.

그래서 이런 해석도 가능하다. 시티 인덱스가 높다면 10년채 금리도 단기간 상승 가능성이 높고, 반대로 시티 인덱스가 낮다면 10년채 금리도 낮아질 가능성이 있다. 여기서 10년채 금리는 금리의 절대 수준을 의미하는 것이 아니라, 3달 정도의 단기적인 평균 움직임을 말한다.

예를 들어 그래프의 끝인 4월 1일의 경우, 금리 변동인 ②가 시티 인덱스 ①보다 현저히 높다. 즉 경기 변동보다 금리가 과도하게 상승했음을 알 수 있고, 이는 경기가 다시 단기적으로 둔화될 가능성, 즉 시티 인덱스가 하락할 가능성과 이어 장기금리도 하락하는 변동성을 만들 가능성이 높음을 추정해볼 수 있다. 단기간 경기나 금리의 변동을 추정하는 데 시티 인덱스는 꽤 유용하게 쓰일 수 있다.

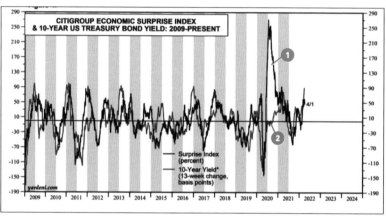

시티 인덱스와 미국 10년채 금리의 변화   자료: 야디니

자료 사이트

- **시티 서프라이즈 인덱스**
  야디니 https://www.yardeni.com/pub/citigroup.pdf

- **미국 기준금리**
  프레드 https://fred.stlouisfed.org/series/EFFR

- **미국 국채 일드 커브**
  월드가버먼트본드 http://www.worldgovernmentbonds.com/country united-states

- **연준자료**
  FRED https://www.stlouisfed.org

- **5년 포워드 기대 인플레**
  FRED https://fred.stlouisfed.org/series/T5YIFR#0

3장

금리 전망의 열쇠,
'테일러 룰'

1

연준 속마음이 보이는 실업률과 테일러룰

그렇다면 중앙은행은 어떻게 기준금리를 결정하게 될까? 그들은 어떤 지표와 공식을 활용해서 금리를 정할까? 그 답을 찾아주는 규칙이 '테일러 룰'이다. 각국 중앙은행은 미국의 기준금리 정책을 참고하고, 경제 상황에 맞춰서 금리를 정한다.

금리를 결정하는 경제 상황의 가장 중요한 변수는 인플레이션과 성장률이다. 이 두 가지 변수를 포함하여 적정 금리를 가이드하는 지표가 테일러 룰이다. 미국의 테일러 교수가 정리한 기준으로 인플레이션과 성장률에 따라 적정한 기준금리를 제시한다. 미국 연준을 비롯해서 한국은행 등 중앙은행은 이 테일러 룰을 참고 자료로 사용한다.

따라서 미국 연준이 금리를 올릴지 아닐지를 알려면 인플레이션과 성장률의 상황을 봐야 하는데 이는 테일러 룰로 정리가 된다. 그리고 미국 중앙은행이 금리 정책을 결정하면, 유럽 중앙은행이나 여타 국가들도 이를 참고하여 경로를 따라가게 된다.

　이번 장에서는 미국 중앙은행이 금리를 올릴지 여부를 알기 위해 이용하는 테일러 룰을 익혀보자. 앞선 장에서 미국 연준이 금리 등을 통해 경기 커브를 지배함을 보았다. 그렇다면 우리의 다음 과제는 연준이 금리를 어떻게 결정하는지를 아는 것이다. 그래서 우리는 연준이 금리를 어떻게 조절할지, 나아가 미래 경기가 어떻게 될지 추정할 수 있게 된다. 아직 우리는 미국 중심체제인 팍스아메리카나의 세계에서 살고 있다. 따라서 '미국이 금리를 올리면 한국도 올릴 가능성이 높다'는 전제를 가지고 판단해도 크게 틀리지 않는다.

　미국 연준은 두 가지 목표를 가지고 있다. 첫째가 고용을 극대화하는 것이다. 즉 경제 성장을 극대화하는 것이다. 둘째는 적정한 인플레이션을 유지하는 것이다. 이 두 가지 목표를 동시에 달성하기 위해 연준은 금리를 결정한다. 최대 고용과 적정 인플레이션이라는 지표에 따른 적정 기준금리를 가이드하는 공식이 '테일러 준칙'으로 불리는 테일러 룰이다. 미국의 존 테일러 교수가 만들어서 붙여진 이름으로 쉽게 말해 통화정책 가이드다. 인플레이션과 성장률 변수를 사용한 테일러 룰을 간단하게 수식으로 정리하면 아래와 같다.

적정 기준금리 = 성장률 갭 + 인플레 갭 + 인플레 목표 + 자연이자율

실제로는 꽤 복잡한 수식이지만, 직관적으로 설명하면 이렇다. 성장률이 지나치게 높거나, 인플레이션이 지나치게 높아질 때 적정 기준금리는 이에 상응하여 높아져야 한다. 수식에 너무 집착할 필요는 없다. 개념적으로 이해하면, 적정금리는 수식에 맞춰 계산해주는 사이트를 참조하면 된다. 자료 사이트에 첨부되어 있다.

2 실업률 3%, 인플레이션 2.5%면 연준은 행복하다

연준의 두 가지 목표는
실업률 3%와 인플레이션 2.5%

연준은 두 개의 정책 목표를 가지고 있다. 고용 극대화, 즉 실업 최소화와 적정 인플레이션 유지다. 구체적으로 보면 연준은 미국의 완전고용 상태인 실업률 3% 내외와 인플레이션 2.5% 내외를 목표로 한다. 실업률부터 보자.

다음 표는 미국 인종별 실업률을 보여주고 있다. 코로나 발생 전인 2020년 미국은 완전고용 상태에 가까웠는데, 인종별로는 백인 3%, 히스패닉 4.3%, 흑인 6%의 실업률을 보였다. 이 정도의 수준을 유지하는 것이 연준의 구체적인 실업률 목표다. 코로나로 실업률은 15%까지 치

68   혼들리지 않는 투자를 위한 경제지표9

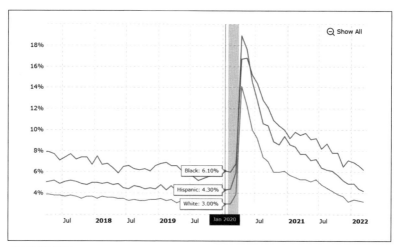

미국 인종별 실업률   자료: 매크로트렌드

숏았지만, 이후 점차 낮아져 2022년 상반기에 3.8%까지 낮아지며 거의 완전고용에 이르게 됐다. 코로나로 인해 늘어난 실업률이었기 때문에, 코로나 백신과 치료제가 개발되면서 고용이 다시 회복되고 실업률도 코로나 이전으로 거의 회복하고 있다.

인플레이션에 대한 연준 목표치는 2%다. 이를 '인플레이션 2% 룰'이라고 한다. 유럽도, 한국도 같은 2% 인플레이션 룰, 다시 말해 인플레이션을 2% 아래로 유지하고자 한다. 그런데 2020년 미국은 인플레이션 목표 기준을 변경했다. 기계적으로 2%에 인플레이션 상한을 정하지 않고, 일정 기간 평균을 2%로 맞추겠다는 의미다. 복잡하게 들릴 수 있지만, 쉽게 보면 인플레이션 룰 2%를 일정 기간 초과해도 연준이 용인하겠다는 의미로 좀 더 관대한 기준을 정한 셈이다. 실제로 시장은 연준이 타겟을 대략 2.5%로 올린 것으로 이해하고 있다.

정리해보자. 연준은 고용과 인플레이션, 즉 실업률과 인플레이션에 대해 대략 3%와 2.5% 선을 목표로 행동한다. 연준이 어떤 결정을 내리든, 이 두 개의 목표를 달성하기 위해서 결정을 하게 된다. 코로나 때 실업률이 15%까지 올라가면, 연준은 이를 2.5%로 다시 내리기 위해 무슨 일이든 한다. 그래서 실제로 금리를 제로금리 수준으로 급격히 낮추고, 수천, 수조 원에 달하는 현금을 시중에 공급했다.

반대로 인플레이션이 4~7%를 기록하면, 이를 다시 3%로 내리기 위해 연준은 무슨 일이든 하려고 할 것이다. 금리를 높이고, 시중에서 수천, 수조 원을 회수해 갈 수 있다. 연준이 금리를 올릴지 내릴지 판단하려면, 실업률과 인플레이션이 연준이 정한 목표에 부합하는지 보면 된다. 그리고 이를 잘 정리해주는 것이 테일러 룰이다.

비농업 고용지표,
무섭거나 기대되는 첫째 주 금요일 밤

실업률과 관련하여 매우 중요한 지표가 있다. 바로 비농업 고용지표다. 미국의 비농업 고용지표는 매월 첫째 주 금요일 밤에 발표된다. 'Nonfarm Payrolls', 줄여서 NFP라고도 부른다. 실업과 일자리에 관련해서 가장 중요한 지표 중 하나다.

당연한 이야기지만 비농업 고용지수는 기본적으로 고용지수다. 농·축산업을 제외한 전월 고용인구수 변화를 측정하는데, 일자리 창출은 미국 경제활동의 70% 정도를 차지하는 소비자 지출을 결정하는 만큼 가장 중요한 지표다. 실제 수치가 예상치보다 높은 경우 미국 경제와 경기, 달러화 전망이 긍정적이고, 낮은 경우 부정적이다. 한국의 수출금액지수만큼이나 중요한 지표다. 연준의 의사결정이 고용과 인플레이션을 고려해서 이뤄지는데, 매달 발표되는 비농업 고용지표는 고용에 대한 기초적인 자료이기 때문이다.

고용지표가 아닌, 비농업 고용지표로 불리는 이유는 이렇다. 조사 초기 농·축산업 인구를 정확히 측정하기가 용이하지 않았고, 그래서 이를 제외한 나머지 산업의 고용을 측정했던 것이 이렇게 관례로 굳어졌다.

비농업 고용지표는 실물 경제를 보여주는 척도이기 때문에, 연준의 판단을 예측할 수 있다. 따라서 고용지표에 따라, 증시·환율·원자재 가격이 크게 변동한다. 경제가 좋지 않은 상황에서 고용지표가 예상외로 높게 나오면 증시는 환호하고, 미국 금리와 달러 가치도 올라가는 경향이 있다. 반대로 경기가 매우 좋은 상황에서 고용이 예상보다 좋게 나오면, 오히려 증시에는 부정적인 영향을 미치기도 한다. 이는 뒤에서 더 살펴보도록 하자.

증시를 들었다 놨다하는
NFP: Non Farm Payroll

아래 그래프는 2020년 이후의 미국 고용지표다. 보통의 시기에는 50만 명 이상이면 고용 상황이 좋은 것으로 본다, 50만 명 이하면 좋지 않다고 보는데, 코로나 이후로는 고용이 급격히 감소했다가 회복되는 과정이라 일반적인 '50만 명 룰'을 적용하기에는 예외적인 기간이라 볼 수 있다.

어쨌든 2020년 코로나로 일자리가 급격히 감소한 이후, 미국의 고용은 지속적으로 회복되고 있다. 고용 증가는 경기 회복에 대한 신호로 읽히고 시장은 환호한다. 고용 증가와 함께 증시도, 미국 달러도 상승하는 기간을 거치게 된다. 만일 기대만큼 고용이 나오지 않으면, 경기 침체에 대한 우려로 증시가 급락하기도 한다. 그래서 매월 첫째 주 금요일 밤 발표되는 고용지표에 시장이 주목하고, 결과에 따라 증시·환율이 급등하기도 하고 급락하기도 한다.

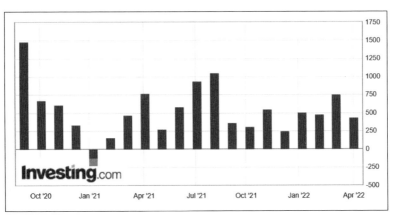

미국 비농업 고용지표(단위:천명)　　　　　　　　　　　　　　　　　　　자료: 인베스팅

때로는 나쁜 것이 좋고
좋은 것이 나쁘기도 하다

비농업 고용지표 발표 때, 이런 영문기사 제목을 보게 된다. "Bad is good, Good is bad." 직역하면 나쁜 것은 좋고 좋은 것은 나쁘다는 건데, 무슨 의미일까? 위기를 벗어나는 과정에서 고용지표는 중요한 경기 판단의 근거다. 그런데 역설적이게도 고용 수치가 나쁘게 나왔는데 시장이 급등하기도 하고, 좋게 나왔는데 급락하기도 한다. 2020년과 2021년처럼 금융시장이 연준의 돈 풀기에 의존하고 있는 상황에서, 고용 수치가 상승하면 이런 일이 발생한다. 고용이 증가하면 실업률은 낮아진다. 실업률이 낮아지면 연준은 경기 부양을 계속해야 할 유인이 사라진다. 그래서 돈 풀기를 멈추고 오히려 시중에 풀린 돈을 회수해나갈 수 있다. 동시에 연준은 고용보다는 인플레이션을 우려하게 된다. 그래서 경기가 좋을 때 고용이 기대치보다 높으면, 연준의 금리 인상을 우려해서 증시에는 부정적이다.

2% 인플레 목표를 올리고 싶은 미국 중앙은행
– 평균물가 목표제

앞서 연준이 인플레이션 목표를 2%에서 소폭 올렸다는 것을 확인했다. 2020년 여름에 이뤄진 연준의 인플레이션 정책 변경은 상당히 중

요한 의미를 갖는다. '평균물가 목표제'로 불리는 이 정책은 보통 'FAIT'
Flexible Average Inflation Target라고 불린다. 물가 목표를 2%로 고정하지 않고
유연하게, 일정 기간의 평균 값으로 인플레이션을 유지한다는 뜻이다.
즉 2%를 넘어가더라도 이전 기간의 인플레이션이 낮다면, 평균적으
로는 2%에 미치지 못하므로 이를 용인하겠다는 의도가 담겨 있다. 즉 물
가 목표를 조금 높이자는 의도이다.

이는 꽤 중요한 의미를 갖는다. 물가와 함께 성장률도 높이고자 하
는 연준의 의도가 읽히기 때문이다. 앞서 우리는 프레임워크에서, 물
가·금리·성장률은 패키지라는 원칙을 익혔다. 물가 목표를 높인다는
것은 결국 성장률 목표를 높인다는 것과 같은 의미다. 연준이 코로나
이전에 두려워한 것은 인플레이션이 아니었다. 오히려 일본식 디플레
이션이었다. 그래서 '일본병'에 걸리지 않기 위해, 인플레이션 목표를
좀 더 유연하게 가져가면서 성장률을 올리고자 하는 의도가 FAIT에 담
겨있다. 매우 짧게 줄여서 이야기하면, 연준이 부양적 기조를 가지겠다
고 선언한 셈이다.

FAIT 따라 올라간 금값과 나스닥

▼

2020년 연준이 FAIT를 시행할 것이라는 예상이 시장에 퍼지면서, 금값과 나스닥 지수는 매우 가파른 상승세를 보였다. 아래 그림의 화살표가 가리키는 부분이 2020년 8월 금값이 최고점에 이를 때이다. 이때 연준의 평균물가 목표제 발표가 있었다.

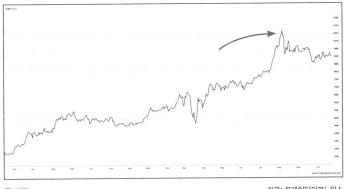

금 가격   자료: 트레이딩이코노믹스

금값과 나스닥은 왜 이때 이렇게 급하게 상승했을까? 연준이 인플레이션 목표를 상향한다는 것은 결국 경기 부양이라고 앞서 살펴보았다. 경기 부양은 증시를 올린다. 그리고 금과 원자재 가격도 올린다. 특히 인플레이션이 심해지면, 인플레이션 헤지 상품인 금값은 상승한다. 더 본질적으로는 인플레이션이 심해지면 실질금리가 낮아지고, 그러면 금 값이 오르기 때문이다(실질금리는

우리가 일상적으로 접하는 명목금리에서 인플레이션을 뺀 금리다. 따라서 빼야 하는 인플레이션 수준이 높아지면 실질금리는 낮아진다). 실질금리가 낮아진다는 것은 돈을 빌리는 실제 비용이 낮아진다는 의미이고, 금리에 민감한 나스닥은 더욱 크게 상승하게 된다.

페드워치가 추적하는 미국 금리

미래 금리를 예상하는 여러 방법이 있다. 그중 실제 사용할 수 있는 대표적인 것들은 다음과 같다.

1) 연준이 Fomc에서 발표하는 점 도표

2) 페드워치FED watch의 금리 선물

연준은 연간 8번의 FOMC연방공개시장위원회를 하면서 금리를 결정한다. 이때 점 도표를 같이 발표한다. 2022~2024년 연준 위원들이 적정하다고 생각하는 금리에 점을 찍는 방식이다. 연준 홈페이지에서 언제든 확인이 가능하다.

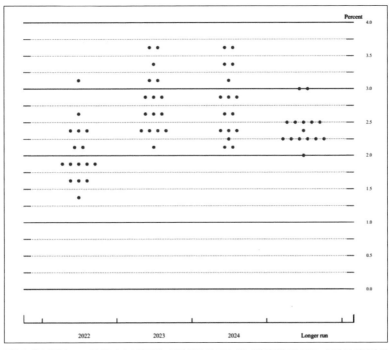

연준이 매년 8번의 FOMC를 열 때마다 발표하는 금리 관련 점 도표. 위는 연준위원들이 2022~24년 등 미래에 적정한 금리를 점으로 찍은 표다. 연준 위원 한 명이 점 하나를 찍으므로 가장 점이 많이 찍힌 중간값이 연준이 예상하는 미래 금리가 된다.　　　　　　　　　　　　　　　　　　　　　　　　　　　　　　　자료:FRED

　　그리고 기준금리 변동폭과 변동 확률을 예상하는 페드워치Fed-watch를 보면 연준의 FOMC 때 예상되는 금리의 범위와 확률을 볼 수 있다.

　　형태는 아래와 같은데 자료 사이트에 링크를 첨부한다. 맨 윗칸에 미팅 예정일자인 2022년 5월 4일이 나오고, 아래에 금리 목표와 확률이 나온다. 상단 오른쪽 끝에 보면 인상hike 가능성이 100%로 나온다. 5월 4일 FOMC에서 금리를 올릴 확률은 100%이고, 0.75%로 인상할 확률이 69.4%라는 의미이다.

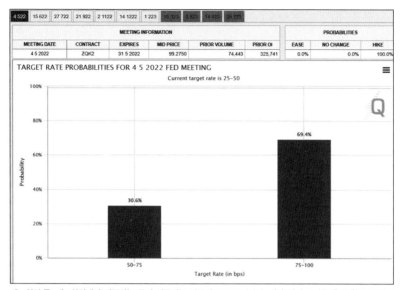

MEETING INFORMATION						PROBABILITIES		
MEETING DATE	CONTRACT	EXPIRES	MID PRICE	PRIOR VOLUME	PRIOR OI	EASE	NO CHANGE	HIKE
4 5 2022	ZQK2	31 5 2022	99.2750	74,443	325,741	0.0%	0.0%	100.0%

TARGET RATE PROBABILITIES FOR 4 5 2022 FED MEETING

Current target rate is 25-50

페드워치 툴. 페드워치에서 제공하는 금리 선물에는 연준의 FOMC 날짜와, 해당 일에 금리를 올릴 확률, 그리고 얼마까지 올릴지에 대한 확률을 제공한다.

자료:CME

복잡한 듯
간단한
테일러 룰

테일러 룰

테일러 규칙, 또는 테일러 룰을 수식으로 표현하면 아래와 같다. 테일러 룰을 통해 얻은 결과를 테일러 금리라고 한다.

$$\widehat{FFR_t} = \rho FFR_{t-1} + (1-\rho)[(r_t^* + \pi_t^*) + 1.5(\pi_t - \pi_t^*) + \beta gap_t]$$

우리는 대체로 수학을 별로 좋아하지 않는다. 특히 변수가 많고 영어로 나오면 더욱 그렇다. 그래서 이 식을 이해하기 쉽게 정리하면 이렇다.

명목금리 = 인플레이션 목표 + 가중치(인플레이션-기대 인플레이션이션)

+ 가중치(실질성장률-잠재성장률)

즉 명목금리는 인플레이션 갭과 성장률 갭이 높아질수록 높아져야 한다는 의미이다. 애틀란타 연방준비은행에서 제시하는 몇 가지 다른 형태의 테일러 금리는, 변수를 구하는 방식을 조금씩 다르게 적용해서 얻은 수치다. 전문가가 아니라면 연준에서 제공하는 수치를 확인하는 것으로 충분하다.

그리고 우리가 이해해야 하는 것은 테일러 룰의 현재 위치와 기준금리와의 차이, 그리고 이것으로 향후 기준금리를 예상하는 방식이다. 이어지는 케이스 스터디에서 자세히 살펴보자.

CASE STUDY

테일러 룰 바로 써먹기: 22년 상반기 테일러 룰

▼

테일러 룰은 구체적으로는 몇 가지 다른 공식이 존재한다. 어떤 변수를 쓰느냐에 따라, 상수를 0.5로 할지 1로 할지에 따라 조금씩 차이가 난다. 어떤 숫자로 보든 현재 미국의 기준금리와 갭 gap이 어느 정도인지 아는 것이 중요하다. 그 갭이 클수록 현재 기준금리가 현재 경제 상황을 덜 반영한다는 의미이고, 금리 인상이나 인하의 금리 조정이 필요하다.

2022년 1분기 미국 상황을 보자. 아래 그래프는 미국의 테일러 룰에 따른 금리 가이드와 미국 연준의 기준금리를 비교한 것이다. 기준금리는 0.25%이고, 테일러 금리는 대략 7% 이상이다. 그 차이가 7%에 달해 매우 크다는 것을 알 수 있다. 의심할 여지없이 인플레이션과 성장률이 매우 높지만 금리는 매우 낮다는 것을 말하고 있다. 이런 차이에서 우리는 무엇을 추론할 수 있는가? 몇 개 중요한 포인트는 이렇다.

1) 경기 과열 : 인플레이션도 높고 성장률도 높다. 경기가 좋고 과열 구간에 있다. 식혀줄 필요가 있다.

2) 증시 등 위험자산은 여전히 호황기 : 경기는 과열인데 기준금리는 매우 낮아서 테일러 금리와 차이가 무려 7% 이상 난다. 매우 이례적인 구간이다. 이런 큰 갭은 과거에도 거의 없다시피 할 정도로 크다.

3) 너무 낮은 기준금리 : 2020년부터 유지된 제로금리가 7%라는 갭을 만들기도 했겠지만, 이후 한 차례 인상해서 0.25%가 된 기준금리도 너무 낮다.

4) 따라서 연준은 기준금리를 매우 강하게 올릴 것이다. 기준금리와 테일러 룰이 가이드하는 금리 차가 너무 크기 때문이다.

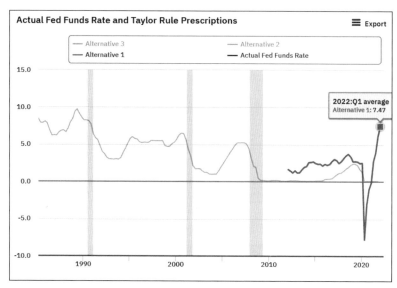

Actual Fed Funds Rate and Taylor Rule Prescriptions

2022년 1분기 테일러 금리와 미국의 기준금리. 미국의 테일러 룰에 의한 금리는 10%에 가까운 반면 미국의 기준금리는 0%대다. 테일러 룰이 가이드하는 금리에 비해 기준금리가 현저하게 낮은 상태다. 연준이 금리 인상을 해야 하는 이유다.

자료: 애틀랜타 연방준비은행

자료 사이트

- **테일러 룰**
  프레드 https://fredblog.stlouisfed.org/2014/04/the-taylor-rule

- **미국 비농업고용지표**
  인베스팅닷컴 https://kr.investing.com/economic-calendar/nonfarm-payrolls-227

- **미국 인종별 실업률**
  매크로트렌드 https://www.macrotrends.net/2508/unemployment-rate-by-race

- **금 원자재 가격**
  트레이딩이코노믹스 https://tradingeconomics.com/commodity/gold

- **테일러 룰 계산**
  아틀란타 연방준비은행 https://www.atlantafed.org/cqer/research/taylor-rule

4장

경제 위기의 척도
'일본 엔'

1

환율,
가장 빠르고 정확한
글로벌 리스크 지표

지금까지 학습한 내용을 돌이켜보자. 2장에서는 경기, 경제의 사이클을 보았다. 3장에서는 금리에 대해서 살펴보았다. 관련해서 성장률, 실업률 그리고 이를 해석하는 툴로 테일러 룰을 보았다. 우리는 금리부터 시작해서 금리·환율·인플레이션을 거쳐 기업 주가까지, 거시경제 또는 매크로로 불리는 투자 경제학에서 반드시 이해가 필요한 주제를 한 장에 하나씩 익혀나갈 예정이다. 경기·금리에 이어 이번 장에서는 환율에 대해서 살펴보자. 환율을 통해서 경제 해석을 하는 방법, 환율이 알려주는 투자 방향과 시그널을 찾는 방법 등을 이 장을 통해서 익히고자 한다.

앞서 프레임워크에서 우리는 '세상에 진짜 돈은 미국 돈, 달러 뿐'이라는 것을 확인했다. 환율은 말 그대로 교환의 비율이다. '진짜 돈' 미국 달러에 대한 각국 돈의 교환비율이 환율이다. 달러에 대한 원의 가치를 나타내는 것이 달러/원이다. 영어로는 USD/KRW **US Dollar/Koera Won**로 표기한다. 즉 1달러를 사려면 몇 원을 줘야하는지 교환 비율을 나타내는 지표다. (교수님들은 달러/원이 아니라 원/달러라고 표시하는데, 우리는 이해하기 편하게 달러/원이라고 부른다. 1달러에 몇 원 순서이기 때문에 직관적으로 이해가 편하다). 달러/원이 1,200원이라면, 1달러를 살 때 1,200원을 줘야 한다는 의미다. 1,000원이라면 1,000원에 1달러를 살 수 있다는 의미다. 따라서 이때 우리는 원이 강해졌다고 하고, 환율이 낮아졌다고 한다. 달러를 기준으로 원을 기록하기 때문에 숫자가 낮다면, 적은 원화로 1달러를 살 수 있다는 의미이므로 원이 더 강해진 셈이고, 절대값은 작아지기 때문에 환율이 낮아졌다고 한다.

2 경제 위기에 가장 먼저 반응하는 일본 엔과 스위스 프랑

환율을 통해 우리는 몇 가지 포인트를 추론할 수 있다.

1) 한 나라의 경제가 좋으면, 예를 들어 생산도 잘되고 소비도 늘고 수출도 잘 되면 환율은 강해진다.

2) 급격한 위기가 닥치면, 예를 들어 전쟁이나 리먼 사태 같은 때는 환율이 급격히 오른다(약해진다).

3) 금리가 오르면 환율은 강해진다.

즉 종합해보면, 경기·금리·환율은 같이 움직인다. 경기가 좋으면 금리도 오르고 환율은 강해진다(내린다. 예를 들면 1달러에 1,200원에서 1,000원으로). 여기에 국제 무역 관점을 고려해보면 다음과 같이 정리된다.

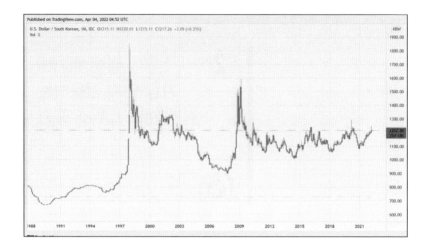

달러/원 환율 변동 추이   자료:트레이딩뷰

4) 환율이 강해지면 수출이 상대적으로 어려워진다(달러/원이 1,200원에서 1,000으
   로 강해졌다면, 달러로 수입하는 외국 입장에서는 1달러에 1,000원어치만 주니 가
   격이 오른 것으로 느껴진다).

5) 환율이 강해지면 수입 인플레이션 예방에 도움이 된다(달러/원이 1,200원에서
   1,000원으로 내렸다면, 달러로 수입하는 한국 입장에서는 미국산 오렌지값이
   1,200원이 아니라 1,000원으로 낮아져 인플레이션을 낮추는 작용을 한다).

글로벌 리스크의 바로미터, 일본엔 :
105엔 − 125엔의 비밀

채권·주식과 함께 '세계 3대 금융시장'을 이루는 것이 환율이다. FOREXForeign exchange market, 국제외환시장라고 부르는 환율투자다. 선물·옵션 등 거래량이 상상을 초월한다. 우리가 잘 아는 영국의 '검은 수요일'도 환투자를 통해 이뤄졌다. 월가 거물 조지 소로스가 1992년 영국 정부를 상대로 파운드 투자를 해, 영국 정부의 항복을 받아냈던 일이다. 1990년대 들어 세계가 미국 중심의 '원 월드'one world, 자본주의라는 하나의 질서로 재편되고, 글로벌 생산과 소비가 하나의 시스템으로 편입되면서 교역도 늘고 국제 투자도 늘었다. 당연히 개방화, 세계화와 함께 외환 거래도 그만큼 증가하고, 투자도 늘었다.

그래서 환율은 국제 경제와 국제 질서를 가장 민감하게 나타내주는 도구가 됐다. 특히 기축통화인 달러(캐나다·호주·뉴질랜드·싱가포르 등 여러 달러가 있지만, 일반적으로 달러라고 하면 미국 달러다. 미국 달러US dollar, USD로 표기)와 유럽독일 유로, 중국 위안, 일본 엔 등이 중요한 통화다. 한국은 미국·중국과 수출·수입 교역이 많기 때문에 달러와 위안이 가장 중요하지만, 일본 엔화에도 많은 영향을 받는다. 세 통화를 통해서 무엇을 해석할지 하나씩 정리해보자.

미국 달러 :
위기는 미국 편

미국 달러는 미국의 경제 상황과 국제 금융시장 상황을 동시에 반영

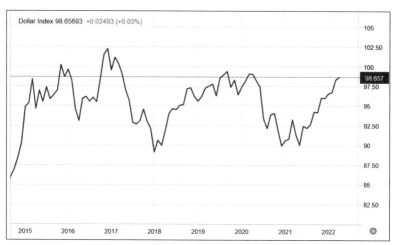

미국 달러 인덱스 . 달러 인덱스는 20년 코로나 위기 때 90대로 낮아졌다가 코로나 위기를 극복하면서 다시 높아
지고 있다. 달러 인덱스가 높아지면 원화는 싸진다. 즉 원/달러는 높아진다. **자료:트레이딩이코노믹스**

한다. 미국 경제가 좋고 기준금리가 올라가면, 미국 달러는 강해진다.
미국 달러의 강약은 달러 인덱스로 표시되는데, 숫자가 높을수록 달러
가 강하다는 뜻이다. 미 연준이 금리를 올리려고 하면, 달러 인덱스도
올라가는 경향이 있다. 반대로 미국 무역 적자가 커지거나 경기가 어려
우면, 달러 인덱스는 내려간다. 또 양적완화 정책처럼 통화를 대량으로
풀면, 달러 인덱스는 내려간다.

대외적으로는 미국 밖에서 위기가 발생하면, 달러 인덱스는 올라가
는 패턴이 있다. 위기가 발생하면 상대적으로 안전한 미국 달러, 국채
로 글로벌 투자 자금이 몰려들기 때문이다. 즉 미국 돈에 대한 수요가
커져 달러 인덱스는 올라간다.

혼들리지 않는 투자를 위한 경제지표9

일본 엔화 :
국제 위기의 신호등, 한국 수출 가늠자

　일본 엔화는 매크로 경제를 파악할 때 가장 중요한 또 하나의 지표로, 성격은 두 가지다. 먼저 대형 금융위기의 신호다. 글로벌 위기가 발생하면 일본 엔이 강해진다. 일본 엔화가 스위스 프랑과 함께 안전자산이기 때문이다.

　일례로 2020년 3월 코로나가 미국서 퍼지면서, 달러/엔 환율이 112엔에서 102엔으로 급락하는 식이다. 또 다른 케이스는 2008년 리먼 사태다. 2006년 122엔이던 엔화는 2010년 80엔까지 하락한다. 즉 절상된다. 그래서 위기가 발생하면 엔 환율이 어느 정도 하락하는지 보면서 심각성을 가늠할 수 있다. 뉴스에서 떠들썩하지만 일본 엔이 크게 움직이지 않는다면 크게 우려하지 않아도 된다. 엔화가 크게 움직일 때는 정말 큰일이 난 것으로 간주해도 무방하다. 일본 엔이 약해지면 한국 경제나 수출에는 부정적이다. 수출 상품이 한국과 일본이 비슷하기 때문이다. 이 부분은 7장 한국 수출을 다룰 때 자세히 살펴보도록 하자.

　일본 엔을 볼 때 중요한 구간이 세 군데가 있다. 첫 번째는 105엔이다. 105엔은 2016년부터 지지선을 구축해온 구간이다. 통상 안전자산인 일본 엔은 세계 경제에 어려움이 생기면 105엔 이하로 내려가는 경향이 있다. 그러나 105엔 아래로 내려가더라도, 다시 110엔 이상으로 올라온다. 즉 다시 엔이 약해진다. 이는 일본 정부가 수출 증대를 위해 환율을 지속적으로 부양하기 때문이다.

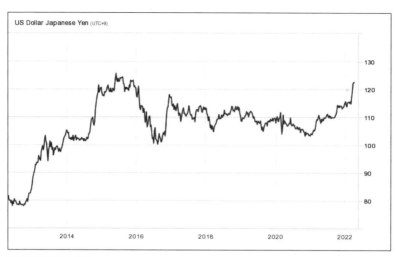

US Dollar Japanese Yen (UTC+9)

달러/엔 환율 변동 추이   자료:트레이딩이코노믹스

두 번째 중요한 라인은 환율 125엔, '구로다 라인'이라 불리는 선이
다. 일본 중앙은행 구로다 총재의 이름을 딴 이 기준은 일본 엔화가 약
세가 되어도 한계선으로 계산되는 선이다.

셋째로 80엔이다. 2012년 아베노믹스가 시작될 때의 라인이다. 이
때 일본 엔이 80엔으로 상당히 강했을 때다. 아베노믹스의 세 가지 정
책 중 하나는 환율을 완화해서, 즉 엔을 높여서 수출을 증대시키는 것
이었다. 수출을 용이하게 하기 위해서 일본 엔을 높여가기 시작했던 지
점이 80엔이다. 2022년 5월에 일본 엔화가 130엔을 넘는 현상이 발생
하면서, 기존의 상한선으로 여겨지던 구로다 라인, 즉 125엔을 넘어섰
다. 이 같은 현상에 대해 일부에서는 안전자산으로서 엔의 위치가 흔들
린다는 주장이 있다. 그러나 이는 과도한 해석이다. 왜냐하면 2022년
상반기는 인플레이션이 매우 높은 시기이기 때문에 기존의 디플레이

선 상황과는 국제금융환경의 차이가 있기때문이다. 러시아 전쟁, 미국의 긴축으로 달러는 강해진 반면 일본은 지속적으로 통화를 완화했기 때문에 상대적으로 엔의 가치가 낮아졌을 뿐이다.

우리가 세계 경제를 판단할 때, 105엔을 기준으로 볼 수 있다. 105엔 근처에 다가간다면 '세계 경제에 어려움이 있구나, 경제 위기가 있구나' 이런 판단을 할 수가 있다. 그러나 이 선을 크게 깨지 않는다면 어떤 일이 발생했을 때, 그것이 큰 경제 위기로까지 번지지는 않을 것이라 추정해도 된다.

중국 위안 :
7위안의 공포, 한국 경제의 거울

중국 위안은 한국 경제에 일본 엔만큼 중요하다. 그림에서 보듯이 중국은 한국의 가장 큰 교역 대상이기 때문이다. 그래서 중국 위안은 한국 원과 동조화되는 경향이 있다. 즉 비슷하게 움직인다는 것이다. 따라서 중국 위안은 한국 경제 상황을 잘 보여주는 지표이기도 하다. 중국 위안이 강하고 좋으면 한국 경제도 그만큼 좋고 강할 가능성이 높다.

두 번째로 중국 위안과 관련해 중요한 지표는 달러 대비 환율이 7위안이 되느냐 여부다. 중국은 정부 부채가 많은 나라이다. 따라서 위안이 약해지면 정부 부채로 인한 중국 위기가 대두되곤 한다. 반대로 중국 위안이 7위안을 넘지 않는다면 중국 경제가 부채 때문에 망한다는

한국 국가별 수출   자료: 트레이딩이코노믹스

주장은 성립하기 어렵다. 따라서 7위안이 넘는지 안 넘는지는 중국 경제를 판단하는 데 있어서 매우 중요한 분기점이다.

중국 통화가 7위안이 될 경우, 인플레이션 가능성이 더 높아지기 때문에 7위안은 더욱 중요한 의미가 있다. 앞서 우리는 환율이 높으면 인플레이션에 도움이 되지 않는다는 것을 보았다. 동일한 원리가 중국에도 작동한다. 높은 인플레이션은 중산층을 갉아먹는다. 물가가 높아지면 실질 소득이 감소하기 때문이다. 그러므로 중산층을 키워나가려는 중국 입장에서 인플레이션은 가장 큰 숙제이기도 하다. 따라서 인플레이션 억제를 위해서 중국 정부는 환율을 최대한 낮게 유지하려고 하는 경향이 있다.

혼들리지 않는 투자를 위한 경제지표9

장기적으로 약해지는 달러

▼

　미국 달러는 세계에서 유일한 진짜 돈, 다른 말로 기축통화다. 그러나 이 달러의 힘도 장기적으로 보면 조금씩 약해지는 추세다. 1980년대 160에 이르렀던 달러 인덱스는 장기적으로 우하향하고 있다. 특히 2010년 미국 금융위기 때는 달러 인덱스가 80 이하로 떨어지기도 했다. 그 이후로 달러 인덱스는 100까지 회복했지만, 현재 100과 90 인덱스 사이에서 움직이고 있다. 왜 이런 현상이 일어나는지는 여러 이유가 있지만, 무엇보다 미국 경제가 세계 GDP나 세계 교역에서 차지하는 비중이 1990년대 이후로 점차 감소하고 있기 때문이다. 이는 아래 그래프에 잘 드러난다. 달러는 당분간 기축통화 역할을 하겠지만, 그 힘은 미국 경제의 힘과 같이 가는 운명임을 이해할 필요가 있다. 무엇이든 영원한 것은 없다.

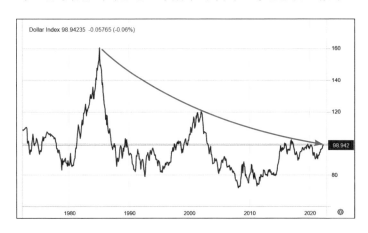

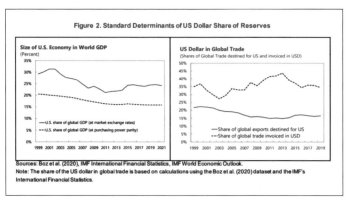

미국 성장과 교역이 차지하는 비중　　　　　　　　　　　　　　자료:IMF

코로나와 미국 달러 환율

　미국에 위기가 닥쳤을 때 달러 환율이 어떻게 변화하는지 잘 보여주는 사례가 2020년 3월 발생한 코로나다. 당시 100수준이던 달러 인덱스는 미국 내에서 코로나가 퍼지고 지역 봉쇄를 하면서, 10% 가량 하락해 90까지 떨어지게 된다. 미국 내에 위기가 발생하면 달러 인덱스는 상당히 하락하는 경향이 있다. 이후 백신이 개발되면서 달러 인덱스는 90을 바닥으로 다지고 2021년 이후 줄곧 회복해 100까지 회복하는 추이를 보이고 있다. 우리가 여기서 눈여겨볼 점은 미국 경제가 회복이 되면 달러와 미국 증시도 회복된다는 점이다. 즉 달러 인덱스가 반등한다는 것은, 미국 경제도 반등하고 미국 금리도 반등하고 미국 증시도 반등한다는 의미다. 코로나 사태는 한 나라 내부의 경제 상황이 환율에 영향을 미치는 것을 정확히 보여주는 사례다.

반대로 미국 밖에서 위기가 생길 때에는 달러 인덱스는 강해지는 경향이 있다. 안전자산인 미국 달러, 미국 국채로 글로벌 자금이 몰리기 때문이다. 달러에 대한 수요가 늘어나 달러 인덱스는 높아진다. 정리하자면 미국 내에서 위기가 발생하면 달러 인덱스는 하락하고, 미국 밖에서 위기가 발생하면 달러 인덱스는 높아진다. 그래서 위기는 미국 편이라는 명제가 성립하는 것이다.

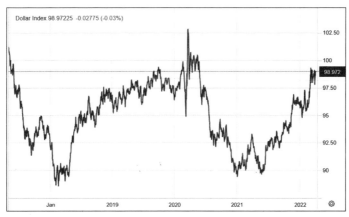

코로나 발생과 미국 달러 　　　　　　　　　　　　　　자료:트레이딩이코노믹스

위안과 원의 커플링 – 중국과 한국 경제는 쌍둥이

중급

앞서 살펴본 것처럼, 한국 경제는 중국 경제와 매우 밀접한 상관관계가 있다. 중국은 한국의 최대 수입국이면서 최대 수출국이기 때문이다. 그래서 중국 위안과 한국 원화는 연동률이 매우 높다. 2020년 이전에는 연동률이 88%에 이르기도 했다. 그래서 '중국과 한국 경제는 쌍둥이에 가깝다'라는 주장도 가능하겠다. 따라서 중국 경제에 문제가 생기면 한국 경제에도 문제가 생기고, 중국 경제가 호황이면 한국 경제도 호황일 가능성이 높다.

두 번째 포인트는 2020년 이후에 나타나는 중국의 위안과 한국 원화의 디커플링이다. 이전까지 동조화 흐름을 보이던 두 개의 통화는, 2020년 코로나 이후 극명하게 다른 길을 간다. 즉 위안은 강세를 보이며 6.3위안에 가까운 강세를 보이는 반면, 원화는 1,100원에서부터 상승하기 시작해서 1,250원까지 오른다. 이 같은 추이에서 우리는 힌트를 얻을 수 있다. 본질적으로 두 나라의 경제는 비슷하게 가야 되는데 이처럼 이격이 생긴다는 것은, 경제 펀더멘털 이외의 어떤 힘이 작동하고 있다는 것이다. 중국 정부가 인플레이션에 대응하면서 구조조정을 했기 때문에 중국 위안은 6위안대의 강세를 보이는 반면, 한국 경제는 우크라이나 전쟁으로 인한 리스크를 그대로 반영해 1,250원까지 원화가 상승했다. 따라서 외부 요인인 전쟁, 중국 정부정책 등의 요인들이

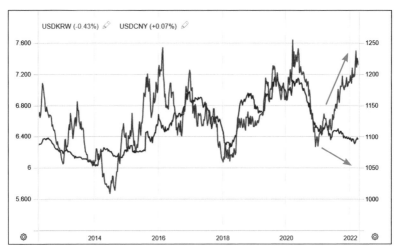

한국 원화와 중국 위안화. 2020년 이후로 디커플링을 보인다.   자료 : 트레이딩이코노믹스

사라진다면 '한국 원화도 다시 1,100원대로 회귀할 것이다'는 것을 우리는 예상할 수 있다.

경제가 좋으면 환율은 강해지고, 환율이 강하면 금리도 오른다

　나라의 경제가 좋으면 환율이 강해진다(달러 대비 내려간다)는 것을 우리는 앞서 확인했다. 환율이 강해진다는 것은, 동시에 그 나라의 금리도 오른다는 이야기다. 이 원리를 한국 경제에 매우 중요한 수출과 환율의 관계에서 살펴보자. 7장에서도 다루겠지만 한국 경제는 수출 경제이고, 그 수출은 반도체가 주도하고 있다. 그래서 반도체 수출이 잘 될 때, 한국 경제도 좋고 증시도 좋고 대체로 지표들이 좋다. 수출은 수출금액지수로 표시되는데, 수출이 잘 되어 수출금액지수가 높으면 반대로 환율은 낮아져야 한다(강해져야 한다). 수출금액지수와 달러/원 환율은 반대로 움직인다.

첫 번째 그림은 달러/원 환율을 나타내고, 두 번째 그림은 수출금액지수를 나타낸다. 2018년(A) 수출금액지수가 가장 높을 때 달러/원 환율은 낮아지고(원화 가치는 강해지고), 2020년(B) 수출금액지수가 가장 낮을 때 달러/원 환율은 최고점을 이룬다(원화는 약해진다).

특이한 점은 2021년 5월 이후 수출금액지수가 계속 고점을 갱신하는 가운데 환율도 높아지는, 즉 원화 가치가 약해지는 현상이다. 이는 한국 경제의 펀더멘털과 상관없이 외부 요인에 의해 달러/원이 높아지고 있다는 것을 알려준다. 가장 큰 요인은 2022년 발발한 우크라이나 전쟁이다.

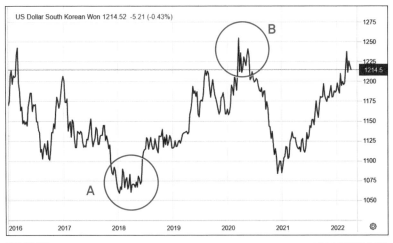

달러/원 환율

자료:트레이딩이코노믹스

혼들리지 않는 투자를 위한 경제지표9

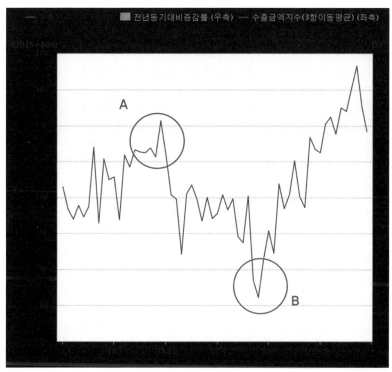

한국 수출금액지수   자료:한국은행

C A S E   S T U D Y

2022년 우크라이나 전쟁, 1997년 한국의 IMF

▼

우리는 1997년 발생한 한국의 외환위기IMF를 잘 기억하고 있다. 당시 달러/원 환율은 1,900원대로, 금리도 20%까지 급등했다. IMF처럼 급격한 위기가 발생하면 환율은 급등한다. 즉 원화

의 가치가 급격하게 약해진다. 이를 다시 잘 보여주는 케이스가 2022년에 발생한 러시아의 루블$_{RUB}$ 급락이다. 2022년 3월 러시아가 우크라이나를 침공하고 미국 등 서방이 러시아 루블 사용을 제재하면서, 러시아 루블화는 80루블에서 130루블까지 급등한다. 나라의 경제 위기가 생기면 가장 빠르고 가장 강하게, 그리고 가장 정확하게 반응하는 것이 환율이다. 그래서 그 나라의 위기가 생길 때 가장 먼저 보아야 되는 변수는 환율인 것이다.

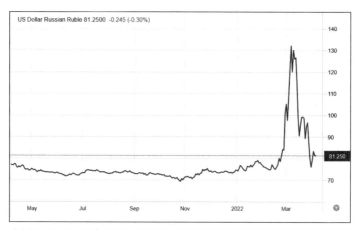

러시아 루블화. 2022년 3월 러시아의 우크라이나 침공으로 러시아 경제가 곤두박질치자 러시아 루블화는 순식간에 두 배 가까이 폭등한다. 즉 값어치가 폭락한다. 이후 전쟁 공포가 완화되고 러시아정부가 금리인상 등 조치를 취하면서 정상 수준으로 내려오고 있다. **자료:트레이딩이코노믹스**

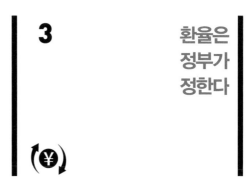

3

환율은 정부가 정한다

정부 정책으로 환율을 결정한다

환율은 시장에서 수요 공급에 의해서 정해진다. 달러에 대한 수요가 많아지면 달러 인덱스가 올라가고, 반대로 미국 경제가 약해지고 달러에 대한 수요가 적어지면 달러 인덱스가 내려가는 식이다. 그러나 환율이 꼭 시장의 수요 공급에 의해서만 정해지는 것은 아니다. 정부도 환율의 결정에 상당한 역할을 담당한다. 일부에서는 환율은 정부가 정한다고 주장하기도 한다. 정부는 환율이 과도하게 움직일 경우 구두 개입을 하기도 하고, 실제로 외환을 매입하거나 매도하는 시장 개입을 통해 환율을 안정적으로 유지하려는 노력을 한다. 그렇기 때문에 각국은 미국 달러라는 기축통화를, 현금이나 미국 국채 매입을 통해 외환 보유고로 상당량 보유한다.

정부가 환율에 직접적으로 영향을 미치는 대표적인 케이스로, 1985
년 일본 엔화의 급격한 절상을 가져온 '플라자 합의'를 들 수 있다. 당시
일본과 독일의 환율은 미국과의 협의를 통해 거의 두 배 가까이 절상됐
다. 정책적으로 환율을 결정한 대표적인 케이스다.

두 번째는 일본에서 2012년 이후에 펼쳐진 '아베노믹스'에 의한 일본
엔화의 약세다. 경제 불황을 타개하기 위해서 아베 총리가 밀어붙인 아
베노믹스는, 일본의 수출을 늘리기 위해 환율을 80엔에서 120엔까지
끌어 올리게 된다. 지속적인 채권 매입 등으로 시중에 돈을 풀고, 금리
는 마이너스로 가져가면서 환율은 높이는 정책이다. 또 이런 케이스는
중국이나 한국에서도 볼 수 있는데, 중국 정부가 2020년 이후 펼치고
있는 공동 부유 정책에 대해 이 환율에 미치는 영향은 이어지는 케이스
스터디에서 살펴보자.

CASE STUDY
中 '공동 부유' 정책이 가져온 위안 강세

중국 정부는 2020년 코로나가 발생하면서 시중에 돈을 풀고,
금리를 낮추는 경기 부양정책을 펼쳤다. 그러나 2021년 코로나
가 진정되면서 중국 정부는 긴축정책으로 전환하고, 금리를 안정
적으로 가져가며 대출 총량도 줄여나가는 정책을 폈다. 중국 정부

가 내세운 대표적인 경제 구호가 '공동 부유共同富裕'다. 공동 부유는 다 같이 잘 사는 나라를 만들겠다는 것으로, 중국 경제의 허리인 중산층을 늘리기 위한 정책을 포함하고 있다. 중산층을 위해서 인플레이션을 낮추는 정책 등이 대표적이다. 중국 정부는 공동 부유 정책을 펴면서 중국 위안을 상대적으로 강하게 가져갔다. 금리가 높고 환율이 강하면 인플레이션 방지에 도움이 된다는 것을 앞서 확인했다. 중국의 공동 부유 정책으로 나타난 것이 2021년 이후 중국 위안과 한국 원의 '디커플링'이다. 중국 위안은 6.3 위안으로 강세를 유지하게 된다. 이렇듯 한 나라의 정부 정책이 환율을 경제 펀더멘탈이나 외환의 수요 공급과 별도로, 환율에 지대한 영향을 미치게 됨을 확인할 수 있다.

아베노믹스, 토요타 수출을 위한 일본 정부의 판 깔기

중급

한국은 삼성전자가, 일본은 도요타 자동차가 증시에서 시가총액 1위다. 그리고 두 나라 모두 수출 중심국가의 경제 구조를 가지고 있다. 따라서 한국은 삼성전자가 잘 될 때, 즉 반도체가 좋을 때 경제와 증시가 대체로 좋다. 일본은 도요타가 잘 될 때, 즉 자동차 경기가 좋을 때 대체로 경제가 좋다.

우리는 앞서 아베노믹스에 대해서 살펴보았다. 아베노믹스는 세 가지 특징이 있다. 첫 번째는 통화 완화이고, 다음은 엔 약세, 마지막은 규제 철폐다. 요약하자면 경기 부양을 위해 수출이 잘 되도록 환율을 약하게 가져가는 것이 핵심이다. 이로 인해서 가장 큰 수혜를 보는 기업은 도요타 자동차다. 동시에 도요타 자동차 수출이 잘 되고, 회사가 잘 되면 일본 경제 전체에도 도움이 된다.

아래 그래프는 도요타 자동차의 지난 20년간의 주가를 보여준다. 2010년 75달러 정도였던 도요타 자동차 주가는 아베노믹스 기간 지속적으로 상승해, 2022년 약 200달러까지 대략 3배 가까이 오르게 된다. 도요타 자동차처럼, 우리는 정부 정책 또는 환율 정책을 잘 살펴봄으로써 큰 투자 기회를 얻을 수 있다. 2012년 일본이 아베노믹스를 들고 나왔을 때, 조지 소로스는 일본 엔 약세를 내다보고 일본 엔에 투자해 상

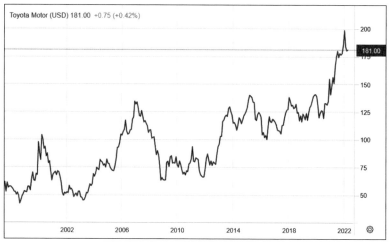

도요타자동차 주가　　　　　　　　　　　　　　　　자료 : 트레이딩이코노믹스

　　　　　　　　　　　　　　혼들리지 않는 투자를 위한 경제지표9

당한 수익을 거두었다. 만일 아베노믹스가 높은 엔을 가져오고 결국 도요타에게 유리한 경제 환경을 세팅할 것이라고 추정했다면, 우리는 당시 도요타에 대한 투자를 늘려 수익을 극대화할 수 있었다. 이렇듯 정부 정책이 환율을 가져오고, 또 환율은 어떤 기업에게 굉장히 유리한 환경을 가져오기도 한다. 그래서 투자 기회를 찾을 때 그 나라의 정책과 그로 인한 환율 전망을 살펴봄으로써 투자 힌트를 얻을 수 있다.

자료 사이트

- **한국 수출 수입**
  트레이딩이코노믹스 https://tradingeconomics.com/south-korea/imports-by-country

- **미국 성장 교역 추세**
  IMF www.imf.org

- **원, 위안, 엔화 환율, 도요타 자동차 주가**
  트레이딩이코노믹스 https://tradingeconomics.com/tm:us

5장

인플레이션을 결정하는
'유가'

1 인플레이션이란

우리는 지금까지 경기와 금리, 그리고 환율에 대해 살펴봤다. 이번 장에서는 인플레이션에 대해서 익혀보자. 인플레이션은 한마디로 물가가 올라가는 것이다. 물가는 투자의 판을 결정하기 때문에 매우 중요하다. 유가 상승에 따라 높아지기도 하고, 금리와 함께 올라가기도 하는 인플레이션, 몇 개 핵심적인 개념만 이해하면 의외로 간단하다. 게다가 유가는 매우 재미있는 스토리가 많아서 흥미롭게 볼 수 있는 장이다. 부담감은 내려놓고 에세이를 읽는다는 기분으로 보도록 하자.

CPI와 PCE

　인플레이션은 물가의 수준이 높아지는 것을 의미한다. 즉, 빵·휘발유·주택 등 상품의 가격 수준이 높아지는 현상이다. 미국에서 인플레이션 측정을 위해 이용되는 대표적인 물가 지수는 소비자물가지수인 CPIconsumer price index와 개인소비지출물가지수인 PCEpersonal consumer expenditure가 있다. CPI는 소비자의 물가를 가장 잘 반영하는 지표이기 때문에 가장 오랫동안 사용되어 왔다. 그러나 조사 범위나 생계비에 대한 정확한 반영 등에는 한계가 있어, 연준은 가계·개인소비지출물가지수인 PCE를 인플레이션 판단 기준으로 사용한다.

　우리가 인플레이션이라고 할 때 실생활에서는 보통 CPI를 의미하고, 연준의 인플레이션 판단 기준 지표는 PCE, 특히 코어 PCEPCE에서 에너지와 식품을 제외한 지수임을 이해할 필요가 있다. 변동성이 높은 음식료와 에너지가 제외된 코어 PCE가 근원적인 물가 흐름을 더 잘 설명하기 때문이다. 생산자물가지수인 PPIProducer price index보다 CPI가 주로 이용되는 것은, 지표 이용자인 소비자의 물가 상황을 더 잘 반영하기 때문이다. 미국 소비자물가는 매월 초 미국 노동청에서 발표한다.

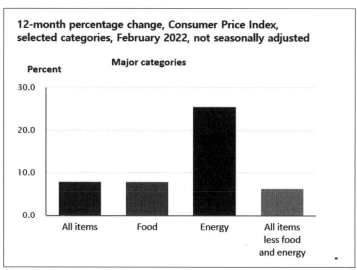

12-month percentage change, Consumer Price Index, selected categories, February 2022, not seasonally adjusted

Percent   Major categories

미국 소비자물가지수. 시티 서프라이즈 인덱스와 미국 10년채 금리 변동은 비슷한 흐름을 보여준다. 그 래서 금리의 단기 변동가능성을 시티 서프라이즈 인덱스를 통해 방향을 추정해볼 수 있다.

왼쪽부터 전품목, 식품, 에너지, 전 품목에서 식품과 에너지를 제외한 코어소비자 물가. 2022년은 러시아 전쟁으로 에너지가격 상승이 인플레를 주도하고 있다.

자료:미국 노동청

2

유가와 인플레이션은 같이 간다

인플레이션과 관련해서 중요한 자산은 원유와 금이다. 그리고 높은 물가는 금리 인상을 가져오기 때문에 명목금리에도 영향을 미친다. 물가가 오르면 금 가격은 대체로 오른다. 인플레이션이 생기면 함께 가격이 올라가는 금에 대한 수요가 늘기 때문이다. 인플레이션 하면 금이지만, 인플레이션을 결정하는 요소는 원유 가격, 즉 유가다. 따라서 인플레이션을 알려면 유가를 알아야 한다.

유가는 인플레이션과 상관관계가 매우 높다. 인플레이션 지표 중에 5년 후에 기대 인플레이션을 나타내는 '5년 포워드 인플레이션 지표'가 있다. 이 지표는 유가와 변동률이 매우 유사하다. 기대 인플레이션과 유가의 상관관계를 계산해보면 대략 80%가 넘어갈 정도다. 즉 유가가 높으면 인플레이션에 대한 기대도 높아지고, 인플레이션도 실제로 높게 나타난다.

아래 그래프에도 두 개 지표가 있는데 거의 비슷하게 움직이는 것을 알 수 있다. 그래서 우리가 인플레이션을 예상하려면, 먼저 유가의 흐름을 봐야 된다. 유가가 높으면 소비자물가와 생산자물가도 높아지고, 인플레이션 역시 높아진다. 그리고 미래에 대한 기대 인플레이션도 높아진다.

따라서 유가가 오르면 인플레이션도 높아지고 그에 따라 금값도 같이 오르기 때문에, 이 셋은 세트로 움직인다는 것을 알아둘 필요가 있다. 가장 극적인 예가 1970년대 '2차 오일쇼크' 때다. 유가가 오일 쇼크로 인해서 굉장히 높아졌을 때, 미국 인플레이션은 15% 수준까지 이르게 된다. 반대로 유가가 낮은 상황에서 인플레이션은 상대적으로 낮게 유지가 되는 경향이 있다. 따라서 인플레이션이 향후에 낮아질지 높아질지를 보려면, 먼저 유가를 확인해보자. 여기에 5년 포워드 인플레이션 지표와 유가를 비교하는 그래프를 자주 살펴보면, 인플레이션을 조금 더 정확하게 예측할 수 있다.

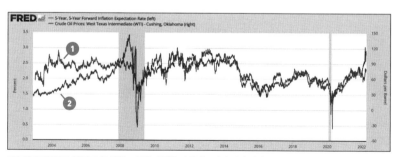

5년 기대 인플레이션(①)과 유가(②) – 같은 흐름을 가진다는 것만 알면 된다.   자료 : FRED

3

인플레이션은
좋은 것이다.
그러나…

중앙은행이 바라고 바라는
인플레이션

인플레이션은 좋은 것이다. 적정하다면 말이다. 적정한 인플레이션이 있다는 의미는 경제도 적정하게 성장하고 있고 금리도 적정하다는 의미다. 앞선 프레임워크를 다시 생각해보자.

인플레이션, 성장, 금리는 세트로 움직인다.

따라서 적정한 인플레이션은 골디락스와 같은 의미로 볼 수 있다. 그럼 적정한 인플레이션은 어느 수준의 인플레이션일까? 적정 인플레이선과 관련된 금리 개념이 중립금리 또는 자연금리다. 어려운 개념이지만 쉽게 접근하면 인플레이션을 유발하지 않고 성장은 적정하게 가져가는 금리 수준을 의미한다. 따라서, 중립금리 수준의 인플레이션을 적정한 인플레이션으로 추정할 수 있다. 현실적으로는 미국의 장기적 중립금리는 인플레이션 목표인 2.5% 수준으로 추정할 수 있다. 자세한 수식 계산은 연준 홈페이지에서 할 수 있으나 우리에게 필요한 것은 개념이다.

인플레이션의 반대 개념이 디플레이션이다. 물가 수준이 낮아지는 현상이다. 디플레이션 하면 금방 떠오르는 나라가 일본, 그다음이 독일이다. 일본과 독일은 디플레이션 수준의 물가와 마이너스 금리를 기록했던 나라들이다. 독일과 일본의 경제와 관련해서 특히 일본과 관련해서 우리가 자주 듣는 문구가 '일본의 잃어버린 20년' '일본병, 유럽병으로 번지나'이다. 즉 독일 등 유럽과 일본이 지난 세기 동안 겪었던 어려움이 바로 경제가 마이너스 성장하는 디플레이션이다. 그래서 일본 중앙은행과 정부, 그리고 유럽연합의 집행부와 유럽 중앙은행의 우선 과제는 디플레이션 해결이었다. 경제 성장을 유발하기 위해 끊임없이 부양책을 쓰고 마이너스 금리를 시행한 것들 모두 적정한 인플레이션을 만들기 위한 중앙은행들의 노력이었다. 가장 대표적인 정책이 일본의 아베노믹스로 표현된다.

2022년은 높은 인플레이션으로 인해 1980년대와 비슷한 상황이 연출되고 있다. 2022년에 펼쳐지고 있는 슈퍼 인플레이션이 단기적으로 큰 숙제지만 장기적으로 이어질지는 의문이다. 지난 20년, 중앙은행들은 인플레이션 발생을 위해 노력했다. 일본, 유럽뿐만 아니라 미국 또한 마찬가지였다. 연준이 정한 인플레이션 목표 2%가 인플레이션을 높이는 데 장애가 된다는 이유로 평균물가목표제로 정책을 변경한 것도 같은 맥락이다. 만일 인플레이션 수치가 점차 낮아지면서 하향유지된다면 중앙은행들은 환호할 것이다. 그 말은 지금의 인플레이션을 급격하게 줄이기 위해서 중앙은행들이 충격요법을 쓸 가능성은 낮다는 의미다. 단기적으로 인플레이션과 싸우기 위해 중앙은행들은 노력하겠지만 장기적으로 디플레이션으로 다시 돌아가고 싶지 않다는 것이 중앙은행들의 속마음일 것이다.

그렇다면 연준의 긴축 강도는 어떻게 될까? 높겠지만 경기를 박살낼 만큼 높지 않고 길겠지만 성장의 불씨가 꺼질 만큼 길지 않을 것이다. 2022년 2분기, 3분기가 긴축의 강도가 가장 높은 시기로 전망하는 근거다.

C A S E   S T U D Y

미국 최악의 인플레이션과 최고의 연준의장 폴 볼커

▼

미국 역대 대통령 중 연임에 실패한 대통령은 많지 않다. 1979년 카터 대통령, 그리고 2020년 트럼프 대통령, 그리고 조지 부시 대통령까지 3명이다. 그중 카터 대통령이 연임에 실패한 이유가 인플레이션 때문이라는 것, 특히 당시 중앙은행 총재였던 폴 볼커 의장 때문이라는 것을 기억하는 사람은 그리 많지 않다. 인플레이션과 관련해 우리가 재미있게 공부할 수 있는 때가 1970년대와 1980년대 초반 미국의 암흑기 시절이다.

1979년 미국 경제는 최악이었다. 베트남 전쟁으로 인한 재정 지출과 1979년 2월 일어난 이란 혁명으로 '2차 오일쇼크'가 일어나면서 1970~1978년 미국의 평균 물가상승률은 9%로 치솟았다. 인플레이션은 급격하게 높아지고, 경기는 침체되는 '스태그플레이션' 시기였다.

1979년 미국 인플레이션은 13%대였다. 그해 8월에 취임한 폴 볼커 총재는 연준 의장으로서, 미국 경제를 괴롭히는 인플레이션을 잡기로 작정하고 긴축정책을 쓴다. 그해 10월에 경기는 침체 상황임에도 불구하고, 기준금리를 15.5%로 4%포인트 올리는 조치를 단행한다. 이를 '토요일 밤의 학살'이라 부른다. 당시 기준금리가 오르자 시중은행 금리는 무려 20% 가까이 뛰었다. 미국도 시중은행 금리가 무려 20%가 됐던 시절이 있었다는 것을 기억할 필요가 있다.

하여튼 폴 볼커 총재가 인플레이션 억제 캠페인을 벌이면서 금리는 20%까지 올라갔다. 당연히 실업률은 5%에서 10%로 급등했고, 주식시장은 폭락했다. 그리고 경기가 악화되면서 당시 카터 대통령은 유권자의 지지를 잃어, 공화당의 로널드 레이건에게 패해 재선에 실패한다. 카터 대통령의 결정적인 패인 가운데 하나가 볼커 총리의 고금리 정책이었음은 명확하다. 새로 취임한 레이건 대통령은 볼커 의장에게 힘을 실어준다. 연준은 1980~1981년 기준금리를 21.5%까지 올리고, 실업률도 10%를 넘어가게 된다. 그러나 인플레이션을 잡지 않고서는 미국 경제에 미래가 없다는 것이 볼커 총재의 주장이었다.

고금리로 인한 고통은 3년여 지속됐으나, 1981년 중반에 접어들면서 볼커의 긴축정책이 효과를 보이기 시작한다. 당시 기준금리가 21.5%였고 인플레이션은 14%였다. 그 차이가 7%가 넘기 때문에, 즉 7%가 넘는 실질금리 때문에, 시중 유동성은 다시 은행으로 빨려들었고 인플레이션도 잡히기 시작했다. 인플레이션이 14.6%에 최고점을 찍고 1981년 9%, 1982년 4%로 잦아들었고, 1983년에는 2.36%까지 떨어졌다. 연준은 긴축통화 정책을 통해 인플레이션을 이겨냈고, 이후 긴축을 풀자 경제는 다시 반등해 1983년 3월 다우지수는 1,130포인트까지 상승했다. 많은 연준 총재 중에 가장 위대한 총재로 꼽히는 폴 볼커. 후대 많은 사람들이 그가 인플레이션을 잡아 1990년대 미국 경제 붐의 초석을 다졌다는 것을 인정하지만, 당시 볼커 총장은 권총을 소지하고 다녀야 했을 정도로 극심한 항의를 들었다. 연준이 인플레이션 버팀목이라는 명성을 얻게 된 것도 폴 볼커의 이런 일관된 정책 덕분이었고, 미국 경제는 1989년부터 회복하기 시작해, 그 상승세는 우리가 알다시피 2020년대까지 이어진다.

빵값이 촉발한 '아랍의 봄'

▼

2010년에 시작된 중동 '아랍의 봄(혹은 혁명)'으로 튀니지·리비아·이집트·예멘 같은 독재 국가에서 정권이 교체되고, 일부 국가에서는 대규모 반정부 시위가 이어졌다. 튀니지에서 시작된 '아랍의 봄'은 급등한 빵값, 즉 물가가 근본적인 원인이자 출발점이었다.

원래 이들 나라에서는 주식인 빵값이 거의 공짜에 가까웠다. 동전 한 닢 들고 가면 얼마든지 빵을 살 수 있을 정도였다. 리비아의 카다피, 시리아의 아사드 등 아랍 독재자들은 생필품에 보조금을 쏟아부어, 빵을 싸게 살 수 있게 했고 그 덕에 권력을 지켰다.

그런데 2008년 이후 밀값이 3배 폭등했다. 유럽의 경제 위기와 흉년으로 밀값이 급등하자, 아랍의 밀 가격도 급격하게 올랐고 이는 정부 보조금으로 막을 수 있는 수준을 넘어섰다. 생활이 팍팍해진 국민들이 너도나도 정부의 무능을 욕하며 거리로 나서면서 반정부 시위가 들불처럼 연쇄적으로 번져나갔고, 결국 독재 정부가 교체되는 정치적 혁명으로 이어졌다. 이처럼 물가가 급등하면 식료품 등 필수 소비재 가격이 올라, 국민들은 생활이 팍팍해지고 정부의 무능을 탓하게 되고, 그것은 사회적 소요나 정치적인 혁명으로까지 이어진다.

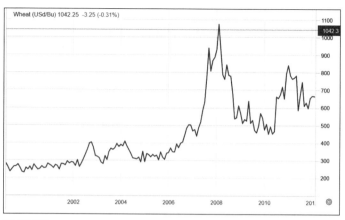

Wheat (USd/Bu) 1042.25 -3.25 (-0.31%)

밀 가격 추이   자료:트레이딩이코노믹스

유가가 높으면 대통령은 고전한다

높은 인플레이션이 발생하면 가장 손해 보는 것은 근로자와 서민 계층이다. 임금이 올라가는 속도가 인플레이션 수준을 쫓아가지 못하고, 갖고 있는 현금과 예금의 가치가 인플레이션 상승률만큼 줄어들기 때문이다. 그래서 인플레이션은 중산층 파괴자이고, '서민의 지갑도둑'이라 불린다. 결과적으로 양극화는 더 심화된다. 중국이 '공동 부유'를 내세우며 강력한 인플레이션 억제 정책을 펴는 것도 이 때문이다.

미국은 2022년 11월 8일에 중간선거가 실시된다. 미국의 중간선거는 대통령 임기 2년차에 하원 전체와 상원의원 1/3을 대상으로 하는 선거다. 참고로 미국 하원의원은 임기가 2년밖에 되지 않는다. 만일 의회에서 다수당을 잃게 되면 대통령은 정책 추진력이 떨어지기 때문에, 이 중간선거는 대통령과 여당에게 굉장히 중요하다.

미국 유권자들은 휘발유 가격, 즉 인플레이션에 상당히 민감하다. 휘발유 가격이 높으면 집권 여당에 대한 지지도가 떨어지기 때문에, 2022년 상반기처럼 미국 인플레이션이 7%에 이르고, 유가가 배럴당 105달러인 상황은 바이든 대통령에게 굉장히 어려운 상황이다. 따라서 바이든 대통령은 어떻게든 유가와 인플레이션을 낮추려고 노력할 것이다. 예를 들어 전략 비축유 방출이든지, 사우디가 기존보다 큰 규모의 증산에 나서게 하든지, 금리를 크게 올리든지 등등의 노력을 할 것으로 예상할 수 있다. 만일 올해 11월까지 유가가 80달러 이하, 또는 인플레이션 4% 이하로 안정되지 않는다면, 중간선거에서 바이든 대통령이 고전할 가능성은 상당히 높다.

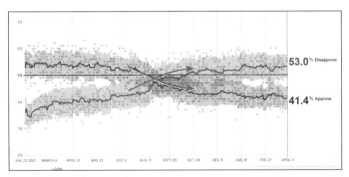

바이든 대통령 지지율(2021~2022)　　　　　　　자료: fivethiryeight.com

유가는 오펙 플러스(사우디·러시아),
백악관과 연준이 결정한다.

고급

이처럼 인플레이션에 큰 영향을 미치는 유가는 누가 결정하는 것일까? 유가를 결정하는 세 가지 큰 변수는 오펙 플러스의 원유 생산량, 백악관의 정책 그리고 연준의 통화 정책이다. 이 중에서도 단연 가장 중요한 것은 오펙 플러스의 생산량이다. 생산량이 적으면 유가는 높아지고, 인플레이션과 금리도 높아질 가능성이 커진다.

글로벌 원유 소비량은 대략 하루 1억 배럴 정도다. 생산도 비슷하게 1억 배럴이다. 배럴은 소위 말하는 드럼통 하나 크기다. 즉 세계적으로 매일 드럼통 1억개 정도의 원유가 생산되고, 또 소비된다. 생산과 소비가 1억 배럴 정도로 일치하면, 유가는 대략 균형적인 가격을 이루게 된다.

유가의 균형가격을 결정하는 가장 큰 요인은 당연히 수요와 공급이다. 그중 특히 공급이 중요하다. 원유 수요는 난방, 자동차 원료, 화학 용품 등 우리 생활에 필수 불가결한 것들인 만큼 크게 변동이 없기 때문이다. 따라서 원유 공급이 부족하면 유가는 상당히 오르는 경향이 있다. 역사적으로 1~2차 오일쇼크 때 유가가 급등했고, 반대로 2010년 이래 미국의 셰일오일_{지하 2~4㎞의 유기물 암석층인 셰일 암반층에서 추출한 원유}이 400만 배럴 이상 시장에 추가 공급되자 유가가 40달러 이하로 내려갔다.

다시 말해 유가는 공급이 결정한다. 따라서 공급을 결정하는 오펙

혼들리지 않는 투자를 위한 경제지표9

과, 여기에 러시아를 더한 오펙 플러스가 주로 유가를 결정한다. 참고로 원유 최대 생산국은 미국으로, 하루 1,200만 배럴 정도를 생산하고, 러시아가 1,000만 배럴, 사우디가 1,000만 배럴 등 세 나라가 합쳐서 전 세계 원유의 30% 이상 공급한다. 따라서 유가에 있어서 가장 중요한 나라는 미국과 러시아, 사우디다. 만일 이 세 나라 중에 한 나라에 문제가 생기면 유가는 10% 이상 급등하기도 한다.

두 번째는 백악관, 즉 미국 정부의 정책이다. 앞서 보았듯이, 미국 정부는 필요에 따라서 유가를 높이기도 하고 낮추기도 한다. 이를테면 2022년 11월 중간선거를 앞둔 바이든 대통령은 유가를 낮추기 위해서 상당한 노력을 할 것으로 보인다. 이를 위해 미국 내 원유 생산을 늘리거나, 아니면 미국이 보유한 전략 비축유를 시장에 방출하는 등 원유 공급을 늘려서 유가를 낮출 수 있다.

세 번째는 연준의 통화정책이다. 연준이 부양정책을 펴면, 경기가 좋아지고 원유에 대한 수요가 늘어나게 된다. 그래서 원유 수요가 늘어나면 유가는 높아지는 경향이 있다. 이런 케이스는 코로나 때도 확인됐다. 코로나의 영향으로 유가는 30달러 이하로 내려가기도 했다. 그러나 연준이 과감하게 부양 정책을 펴고 코로나로 떨어졌던 수요가 회복되면서, 유가는 다시 50달러에서 80달러까지도 회복되고 이후 원유 공급이 부족해지면서 2022년 상반기 100달러에 이르게 됐다.

따라서 우리가 원유 가격의 방향성을 예측하기 위해서는 오펙플러스의 생산량이 지금 어떻게 되고 있는지, 백악관의 정책이 어떤 방향인지, 그리고 연준이 긴축정책을 선택할지 부양정책을 선택할지 등 세 가지를 보면서 판단할 수 있다. 따라서 인플레이션이 지속될지 여부를 판단하기 위해서는 미국, 사우디, 러시아의 원유 생산량에 주목할 필요가 있다.

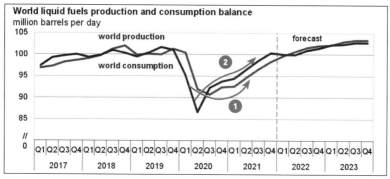

글로벌 원유의 생산(①)과 소비(②)   자료 : 미국 에너지 정보청(EIA)

혼들리지 않는 투자를 위한 경제지표9

4

지정학이
만들어내는
유가와 인플레이션

1990년대 초절정 이론
'팍스 아메리카나'

유가는 주로 원유의 공급에 좌우된다. 그런데 원유의 공급을 결정하는
정치적 요소들이 꽤 많다. 우리는 이를 지정학적 요인이라 부르는데,
국제관계 또는 국제 패권이라고 불리는 것들이다. 우리가 사는 세계화
된 국제 질서는 미국 중심의 '팍스 아메리카나pax americana', 즉 미국이 법
이고, 경찰이고, 질서인 미국 단극 체제로 이어져 왔다.

팍스 아메리카나는 1990년대에 절정을 이루게 된다. 1990년대는
세계화의 시대였다. 몇 가지 이벤트들을 확인해보자. 중국이 1992년
WTO에 가입했고, 유럽연합이 1993년 창설됐다. 즉 중국, 러시아 그리

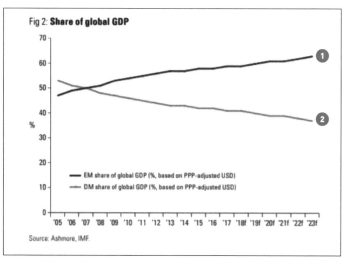

Fig 2: **Share of global GDP**

EM share of global GDP (%, based on PPP-adjusted USD)
DM share of global GDP (%, based on PPP-adjusted USD)

Source: Ashmore, IMF.

이머징국가(①)와 선진국(②)의 성장 비중   자료:IMF

고 동유럽의 많은 공산국가들이 자본주의의 대열로 합류한 때가 1990
년대 초다. 한국도 1992년 취임한 김영삼 대통령이 세계화를 부르짖던
때였다. 즉 1990년대는 미국을 중심으로 전 세계가 하나로 묶이는 '자
본주의 글로벌화'의 시대였다.

1990년대 이후 글로벌 경제는 크게 성장하는데, 이 성장세를 이끈
엔진은 이머징 국가들이다. 소위 '브릭스BRICS'로 대표되는 브라질, 러시
아, 중국, 한국, 대만 등의 국가가 빠르게 성장하면서 글로벌 성장세를
견인했다. 위 그래프에 잘 나타난 대로, 지난 20년간 선진국의 글로벌
성장 비중은 낮아지고 이머징 국가 비중은 꾸준히 높아졌다.

이머징이 이끈 경제 성장,
수확은 워런 버핏이

　냉전 시대가 종식되고 자유무역은 더욱 더 빠르게 확산되었다. 세계는 단일 질서로 움직였기 때문에 그만큼 생산 시장은 유연해지고 소비 시장은 넓어졌다. 즉, 기업들은 국경을 넘어 생산 원가가 싼 중국, 베트남, 동유럽의 헝가리·체코 등에 생산 공장을 짓고 원가를 낮추는 아웃소싱의 시대였다. 이 원가절감의 효과로 미국의 글로벌 기업들은 큰 폭의 성장을 이룰 수 있었다. 소비 시장은 중국·러시아·인도 등으로 넓어지고 소위 '메이드 인 차이나'로 생산원가를 낮출 수 있었기 때문이다.

　'팡**FANG, 페이스북·아마존·넷플릭스·구글**', 또는 나이키로 대변되는 미국 글로벌 기업들은 이런 배경으로 급속하게 성장해갔다. 미국을 넘어 중국·러시아·유럽·일본·인도 등 전 세계가 미국 기업들의 시장이 되고, 미국 기업과 이들이 속한 미국의 증시 S&P나 나스닥은 지속적으로 성장한다. 이머징 국가들이 이끈 성장으로 수혜를 본 대표적인 투자자가 워런 버핏이다. 워런 버핏은 투자의 대가이기도 하지만, '팍스 아메리카나'가 가져온 세계 경제의 결실을 미국 기업들이 수확하고 있다는 사실을 이해하고 이에 투자한 보상을 받은 셈이다.

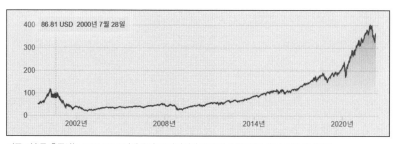

미국 지수를 추종하는 QQQ. 2000년대 초반 30달러에서 2022년 350달러로 10배 이상 상승했다.

자료:www.google.com

워런 버핏은 투자에 관해서 이런 조언을 했다. '당신이 죽고 없다면 당신의 아내에게 투자에 관해서 어떤 조언을 할 것인가'라고 묻자 워런 버핏은 주저하지 않고 '미국의 경제를 믿고 미국의 S&P지수를 추종하는 ETF를 사라고 하겠다'고 말했다. 1990~2010년대는 미국 중심의 자본주의의 글로벌화로 인해 경제 성장이 가속화되고, 그 성장들로 인해서 이머징 국가도 성장하고 미국도 성장하는 글로벌 성장의 시기였다.

C A S E   S T U D Y

낮은 '인플레이션 미스터리'는 중국의 힘

2008년 금융위기를 거치면서 미국·일본·유럽은 통화량을 엄청나게 늘리면서 경기부양 정책을 펼치게 된다. 특히 미국은 2008년 리먼 사태, 유럽은 2012년 유럽 재정위기 등을 계기로 시중의 유동성을 상당히 많이 공급했다. 그럼에도 불구하고 유럽과 일본

혼들리지 않는 투자를 위한 경제지표9

은 거의 제로에 가까운 인플레이션을 기록했고, 미국도 상당히 낮은 수준의 인플레이션을 기록하는 시대가 이어졌다. '인플레이션 미스터리'라고 불리는데, 이 시기에는 두 배 늘어난 통화량에도 불구하고 인플레이션이 일어나지 않았다.

이처럼 낮은 글로벌 인플레이션의 미스터리는 사실 중국의 힘이라고 볼 수 있다. 다른 의미로 1990년대 이후 펼쳐진 미국 중심의 단일 자본주의 시장의 결과물이기도 했다.

1990~2000년대 중국의 힘은 두 가지 측면이다.

1) 낮은 생산원가로 인한 물가의 하향

2) 미국 국채를 중국이 3조 달러 매입한 데 따른, 미국 인플레이션과 금리의 하향

다음 그래프에서 중국의 수출, 중국의 임금, 중국의 외환보유증가, 미국 중앙은행 연준의 통화증가 규모를 보여주고 있다. 2000년대 초반 중국 근로자 임금은 연간 200만 원 수준이었다. 당시 선진국의 10%도 안 되는 인건비다. 저렴한 노동력으로 생산된 상품의 수출은 지속적으로 증가하고 수출로 번 돈으로 미국 채권을 사준다. 덕분에 연준은 인플레이션 없이, 금리 상승 없이 돈을 풀 수 있었다. 미국은 세계의 공장으로 중국을 키워주고, 중국은 충실한 미국의 인플레이션 보관 장소로 미국을 뒷받침한 셈이다.

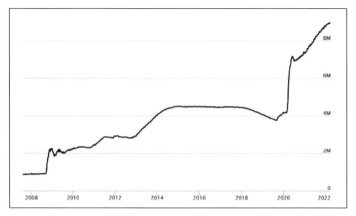

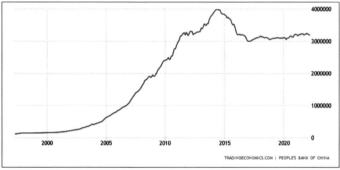

미국의 통화 증가(첫 번째 그림) 및 중국 외환보유고 증가 추이(두 번째 그림). 2000년대 미국의 통화량은 3조 달러 증가했고, 이를 받아준 중국 외환보유액도 3조 달러로 확대됐다. 미국의 골디락스를 중국이 뒷받침한 셈이다.

자료 : FED

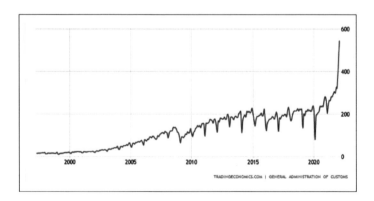

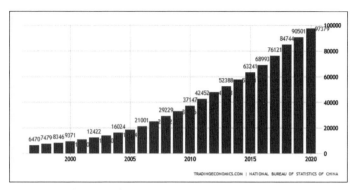

중국의 수출 증가(첫 번째 그림)와 근로자 임금 상승 추이(두 번째 그림). 중국의 싼 노동력으로 만들어진 낮은 가격의 상품들은 전세계로 수출되어 글로벌 골디락스를 만드는 토대가 된다.

자료 : 트레이딩이노코믹스

현대통화이론MMT을 추종하는 세력은 미국의 2000년대 '인플레이션 미스터리' 경험과 일본의 경험을 근거로, 기축통화인 달러는 아무리 찍어내도 인플레이션이 발생하지 않는다는 주장을 펼친다. 그래서 미국 정부가 적극적으로 통화량을 더 확대해, 공공 서비스를 늘리고 고용도 더 늘려야 한다고 주장한다. 그러나 2022년 미국의 인플레이션이 소비자물가 기준 7%를 넘어가며 MMT의 주장도 다소 근거를 잃게 된다. 미국 대 중국으로 나뉜 '분리된 세상'은 2000년대 미국 중심의 자본주의 단극 체제에서 누렸던 '골디락스적정한 성장과 낮은 인플레이션'의 가능성을 더욱 낮게 하는 글로벌 리스크이기도 하다.

글로벌 장기 인플레이션은 없다

1990년대 이래 '팍스 아메리카나', 미국 단극 체제에서의 성장은 앞서 살펴본 것처럼 주로 브릭스를 중심으로 하는 이머징 국가들이 만들었다. 글로벌 성장에 대한 유럽·일본·미국의 기여도는 점점 떨어지고 있었고, 중국을 비롯한 이머징 국가들이 세계 경제 성장을 견인했다. 앞서 물가와 성장과 금리는 패키지로 움직인다는 걸 보았다. 따라서 성장 엔진이 식으면 장기적으로 물가, 즉 인플레이션 엔진도 식는다.

글로벌 성장세 측면에서 선진국은 이미 1990년대부터 둔화됐고, 이머징 국가는 1990년대부터 2010년도까지 강하게 성장했으나 이들 국가도 이제는 성장이 둔화되는 양상을 보이고 있다. 대표적으로 한국도 성장률이 2% 수준으로 내려왔고, 중국도 한때 10% 성장률에서 이제는 5%도 겨우 만들어가는 상황이다. 제로 인플레이션을 보였던 유럽이나 일본 등에서 앞으로 인플레이션이 다시 일어날 가능성은 매우 낮다. 지

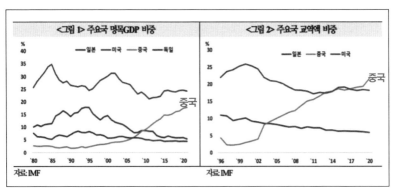

선진국과 이머징 국가의 GDP 성장 및 교역비중 추이. 일본·미국·독일 등 기존 선진국의 성장과 교역 기여도는 낮아지고, 중국 등 이머징 국가의 성장과 교역 기여도는 높아지고 있다.　　　　자료 : IMF(국제금융센터)

　　　　　　　　　　　　　　　　혼들리지 않는 투자를 위한 경제지표9

금까지의 인플레이션과 미래의 인플레이션은 이머징 국가들이 주도했는데, 이들의 인플레이션도 일본·유럽처럼 점점 낮아진다면 글로벌 장기 인플레이션은 점점 하향할 가능성이 높다.

그린 디플레이션,
디지털 디플레이션

글로벌 장기 인플레이션이 약화될 것이라고 추측하는 이유로 두 가지 근거를 더 추가할 수 있다. 첫 번째는 그린 디플레이션이고, 두 번째는 디지털 디플레이션이다.

첫 번째로, 그린 디플레이션은 우리가 재생에너지를 더 많이 사용해 원유·유연탄·천연가스 등 화석연료 의존도가 내려가고, 화석연료 수요가 줄면서 가격이 상대적으로 하향 안정화되는 것이다. 유가가 높아지면 인플레이션이 높아진다고 했다. 반대로 유가가 낮아지면 인플레이션이 낮아질 가능성이 높다. 재생에너지를 점점 더 많이 사용하게 되어 원유발 인플레이션이 낮아지는 현상, 그린 디플레이션이 올 가능성이 상당히 높다. 특히 독일은 재생에너지 비중을 전체 에너지원의 50% 이상으로 올릴 계획이고, 탄소 배출이 0이 되는 '넷제로**Net zero**'를 한국은 2030년, 중국은 2050년을 목표로 하고 있다. 결국 화석 연료의 사용은 점점 줄어들 것이다.

두 번째 디지털 디플레이션은 일종의 자동화 개념이다. 인공지능과

자동화의 확산으로 더 적은 자원과 노동으로 더 많은 생산이 가능한, 생산성의 높은 증대를 가져오게 된다. 즉, 기술 혁신으로 인해 자원 소모는 줄고 원가가 낮아지는 현상이 나타날 것이다. 이러한 디지털 기술 발전으로 인한 디지털 디플레이션과 재생 에너지의 사용 증가로 인한 그린 디플레이션이 글로벌 장기 인플레이션 하락을 가속화시킬 것으로 추정할 수 있다.

분리된 세상이 가져올
인플레이션

미국 중심의 단극 체제에서 미국과 중국 블록으로 나뉘는 현상을 '분리된 세상'이라 앞서 말했다. 분리된 세상은 글로벌 자유무역을 제한하고 국제 갈등을 일으킨다. 특히 국가 간 무역 제한이나 전쟁이 발생하면, 공급망 붕괴나 지체로 원자재발 인플레이션이 발생할 가능성이 있다. 대표적인 예가 2022년 러시아의 우크라이나 침공으로 인한 글로벌 원유·밀 등 원자재 가격의 폭등으로 인한 인플레이션이다. (러시아는 중국

파키스탄부터 페루까지...살인적 물가에 사회불안 커진다

물류차질·기후변화·우크라전에 식량값 급등
"중동·북아프리카 '아랍의 봄' 때보다 민생여건 심각"

자료 : 연합뉴스(2022.04.10)

블록에 해당된다. 즉 러시아와 우크라이나의 갈등은 중국과 미국의 갈등을 배경으로 하고 있다.) 분리된 세상이 초래한 인플레이션으로 피해를 보는 나라는 원자재·곡물 수입에 의존하는 나라들로, 밀 수입 의존도 1위인 이집트는 IMF에 구제금융을 요청했고, 스리랑카·페루 등에서는 인플레이션으로 폭동이 일어났다. 글로벌 장기 인플레이션은 성장이 둔화되면서 장기 하향 추세를 보이겠지만, 분리된 세상이 가져올 갈등은 예외적인 인플레이션을 가져올 가능성이 있다. 또 이런 인플레이션은 2000년대 초 '아랍의 봄' 같은 정치적 불안정을 낳을 수 있다. 2022년은 분리된 세상이 가져올 인플레이션과 정치적 소요를 경험하는 해로 남을 것이다.

자료 사이트

- **미국 인플레이션**
  미국 노동청 https://www.bls.gov/cpi
- **독일 인플레이션**
  월드뱅크 https://data.worldbank.org/indicator/FP.CPI.TOTL.ZG?locations=DE
- **5년 포워드 인플레이션과 유가의 상관관계**
  FRED https://fred.stlouisfed.org/series/T5YIFR#0
- **바이든 대통령 지지율**
  파이브써티에잇 https://projects.fivethirtyeight.com/biden-approval-rating
- **글로벌 원유 생산량과 소비량**
  EIA https://www.eia.gov/outlooks/steo/report/global_oil.php
- **중국 임금 & 수출**
  트레이딩이코노믹스 https://tradingeconomics.com/china/wages
- **페루 폭동**
  연합뉴스 https://www.yna.co.kr/view/AKR20220410046400009?input=1195m

6장

증시의 방향을 말해주는
'실질금리'

1

실질금리는 증시의 방향을 결정한다

이번 장에서는 금리의 '이란성 쌍둥이'인 실질금리에 대해서 살펴보자. 금리가 인플레이션을 만나면 실질금리가 탄생한다. 실질금리는 개념적으로 명목금리(우리가 사용하는 표면적 금리)에서 인플레이션 (기대)값을 뺀 금리다. 즉, 인플레이션이 제거된 금리다. 실질금리는 금리와 비슷한 속성을 지니면서 인플레이션이라는 다른 변수를 내포하고 있기 때문에, 경제를 이해하는 데 더 많은 힌트를 준다. 실질금리를 투자에 활용하는 포인트를 이번 장에서 본격적으로 찾아보자.

실질금리는 주식시장을 판단하고 예측하는 데 유용하다. 실질금리가 낮을수록 주가는 오를 가능성이 높기 때문이다. 반대로 실질금리가 일정 수준 이상으로 올라가면 증시는 하락 압력이 매우 커진다. 그러므로 주식시장에 참여할 때 실질금리는 가장 먼저 확인해야 할 변수 중 하나다. 실질금리는 무엇이고, 왜 실질금리가 낮을수록 주식시장은 오르는지, 실질금리가 어떨 때 주식시장은 상승하기 어려운지 답을 찾아가보자.

혼들리지 않는 부자를 위한 경제지표9

2 실질금리가 마이너스면 증시는 달린다

실질금리는 TIPS다

실질금리는 명목금리에서 인플레이션 기대값을 뺀 값으로 측정할
수 있다.

실질금리 = 명목금리 − 인플레이션 기대값

현실에서는 'TIPStreasury inflation-indexed security'라는 물가연동채권의 이
자율을 실질금리로 사용한다. TIPS는 미국 재무부가 발행해 실제 거래
되는 채권의 종류로, 뉴욕 연방은행에서 이자율을 고시한다. 이 둘은
완전히는 아니지만 개념적으로 거의 일치한다.

명목 금리에서 인플레이션을 뺀 금리가 실질금리다. 그러나 정확히는 인플레이션이 아닌, 인플레이션 기대값을 뺀 금리다. 일반적으로 우리가 실질금리라고 할 때는 2년·5년·10년 채권의 명목금리에서 2년·5년·10년 기대 인플레이션율BEIR, Break even inflation rate을 뺀 값을 의미한다. 기대 인플레이션은 양쪽을 같게even 만드는 인플레이션이라는 의미이고, 양쪽은 일반채권과 TIPS채권을 의미한다. 채권도 어려운데 TIPS채권까지 등장하면 이쯤에서 포기해야 하나 싶다. 그러나 TIPS는 매우 간단하면서도 유용한 개념이다. 실제 시장에서 존재하는 채권이고 금리이므로, 우리는 TIPS라고 구글에서 검색해 사용하면 그만이다.

오히려 추상적인 개념은 기대 인플레이션이다. 그런데 TIPS 채권이 있어서 기대 인플레이션도 쉽게 얻을 수가 있다. 'Break even inflation rate'라고 구글에서 검색하면 기대 인플레이션 수치를 볼 수 있다. 보통은 5년·10년 기대 인플레이션을 활용한다. 그럼 왜 기대 인플레이션이 TIPS 금리와 명목금리를 통해서 구해지는지 살펴보자.

명목금리, 그러니까 일반채권 이자율이 5%이고 TIPS 이자율이 3%라고 가정하자. 이때 양쪽을 같게 하는 인플레는 2%이다. 즉 일반채권 이자율 5%에서 인플레이션 기대값 2%를 빼면 인플레연동채권인 TIPS의 이자율 3%와 같아지기 때문이다. 만일 인플레이션이 기대값 2%보다 더 크면 어떻게 될까? 예를 들어 인플레가 3%라면 어느 쪽이 이득인가? 일반채권을 가졌다면 실질 이자율은 2%(5%-3%)로 낮아진다. 그러나 물가연동채권인 TIPS채권 보유자는 인플레이션과 상관없이 보장된 3%의 이자율을 받게 되므로, 이 경우에는 TIPS 보유자가 유리하다. 반

혼들리지 않는 투자를 위한 경제지표9

대로 기대 인플레이션이 낮을 경우에는 일반채권이 더 유리하겠다. 따라서 인플레이션 기대값이 높을수록 물가연동채권의 기대 수익이 높아진다.

다시 기대 인플레이션으로 돌아가서 의미를 생각해보면, 일반채권과 물가연동채권 간에 기대 수익을 동일하게 하는 인플레이션율이 곧 기대 인플레이션이 되는 셈이다. 그래서 기대 인플레이션을 브레이크 이븐 인플레이션break even inflation이라 한다. 줄여서는 BEI라고 하고 2년·5년·10년 기대 인플레이션BEI을 자주 사용한다

실질금리가 낮아지면
증시는 환호한다

실질금리가 매우 낮으면 증시는 환호한다. 왜일까? 실질금리가 낮다는 것은 돈을 빌리는 실제 이자율이 낮다는 의미다. 자금 조달비용이 낮다는 뜻으로, 쉽게는 대출이자가 싸다는 뜻이다. 그러므로 가계는 쉽게 돈을 빌려 투자에 나서고, 기업은 싼 이자로 자금을 조달해서 투자를 늘릴 수 있다. 그래서 실질금리가 낮으면 경기도 좋아지고 경기가 부양된다. 그래서 경기 불황이 오면 연준은 돈을 풀면서 인플레이션 기대는 높이고, 기준금리는 낮춰 실질금리를 낮게 한다. 이때 극단적으로 실질금리가 낮아지면 마이너스 실질금리에 이른다.

마이너스 실질금리는 무슨 뜻일까? 돈을 빌릴 때 이자를 받는 셈이

다. 즉 인플레이션을 감안하면 돈을 대출할수록 마이너스 금리만큼 이자를 은행에서 받는 것이다. 이때는 돈을 빌리지 않는 사람이 바보가 된다. 그래서 누구나, 어느 기업이나 대출을 최대로 늘려 투자를 늘리게된다. 그 결과가 2020년 '동학개미', '서학개미', 비트코인 투자, 부동산투자 '광풍'이었다. 이자가 없거나 이자를 받는 셈이니, 누구나 대출을내서 '빚투'를 늘리는 게 합리적인 결과다. 그래서 실질금리가 낮으면 증시는 오르는 패턴이 있고, 마이너스 실질금리에서 증시는 더 환호한다.

2022년 3월 미국 실질금리는 마이너스로, -0.3% 내외를 기록하고있다. 명목금리보다 인플레이션 기대값이 더 크다는 것을 마이너스 실질금리에서 알 수 있다. 이는 연준이 코로나로 인한 경제 위기를 타개하기 위해 경기 부양을 한 결과이기도 하다. 즉 금리는 제로로 낮추고채권 매입을 통해 유동성을 늘려서 명목금리는 낮아지고 인플레이션기대값은 높아졌기 때문이다.

CASE STUDY

2020년 코로나 골디락스의 재탄생

2020년 코로나 사태로 연준이 대규모 부양책을 펴면서, 미국실질금리는 마이너스 1.2%까지 낮아진다. 이렇게 큰 폭의 마이너스 실질금리가 되면 증시는 환호한다고 했다. 코로나로 실질금리가 -1.2%로 하락하고, 나스닥은 8,000선에서 1만 6,000으로 두 배

혼들리지 않는 투자를 위한 경제지표9

급등한다. 실질금리가 마이너스를 기록한 2022년까지 나스닥은 상승이 이어진다. 실질금리가 낮을 때 특히 나스닥이 S&P500보다 더 상승한다. 나스닥은 성장주 중심이고, 성장주는 할인율이 더 중요하기 때문이다. 즉 성장의 미래를 주가에 반영하는데, 이자가 낮으면 성장 비용인 이자율이 낮아져 성장이 커지기 때문이다.

미국의 실질금리와 나스닥 지수 추이. 실질금리(①)는 −1.2%까지 하락하는 가운데, 나스닥 지수(②)는 2년간 뚜렷한 상승세를 보여준다.　　　　　　　　　　　　　　자료:프레드

　　2020~2022년 펼쳐진 미국 주식시장의 상승을 '코로나 골디락스'로 부른다. 연준의 개입으로 금리는 매우 낮고, 경기는 반등하면서 성장률은 매우 높아 증시·원자재 등 모든 것들이 상승하는 '슈퍼 사이클'을 겪었기 때문이다. 이는 2008년 미국 금융 위기를 겪으면서도 거의 동일하게 나타났다. 자, 정리해보자. 미국 연준이 제로금리를 가져가고 실질금리가 마이너스가 되면 증시는 환호한다. 이때는 거의 모든 주식, 모든 원자재 가격이 오른다. 소위 대세 상승장이 펼쳐진다. 이때가 주식투자 최적기 중 하나다. 그리고 이때는 하락하면 다시 오르는 장이 펼쳐지므로, 'Buy the dip 저가매수'을 이어가야 한다. 실질금리가 마이너스일 때는 투자를 두

려워할 필요가 없다. 그러나 실질금리가 어느 선에 이르면 욕심을 접어야 한다. 그 지점이 어딘지는 다음에서 이어가보자.

10년·5년 국채금리를 비교하면
금리 예측이 가능하다

중급

앞서 금리는 성장과 인플레이션의 합이라고 했다. 그럼 금리가 오를 때 성장 때문에 오르는지, 인플레이션 때문에 오르는지 나눠서 볼 수 있으면, 향후 금리가 어떻게 될지 예측 가능해진다. 금리 변동을 성장과 인플레이션으로 완전히 쪼갤 수는 없지만, 개념적으로 분해해서 볼 수 있는 실용적인 방법이 있다. 10년채 금리를 5년채 금리와 '5년 후 5년채 기대 인플레이션5y5y 포워드 인플레이션'으로 쪼개서 보는 방법이다.

10년채 이자율의 변동 = 5년채 이자율 변동 + 5y5y 포워드 인플레이션 변동

다음 그래프는 2021년 미국 10년(국)채 이자율과 5년(국)채, 그리고 5y5y 포워드 각각의 연초대비 증가분을 그래프로 보여준다. 이를 통해 우리는 금리 상승에 성장률과 인플레이션이 미치는 비중을 대략적으로 추정할 수 있다. 10년보다 단기인 5년채 이자율은 단기적인 인플레이션 변동을, 5년 이후 5년간 인플레이션 기대값을 보여주는 5년 기준 5년 후 인플레이션 기대값은 장기 성장률을 보여준다고 할 수 있다.
2021년 6월 1일을 기준으로 그 수치를 보면 아래와 같다

10y ytd 0.72%

5y ytd 0.42%

5y5y ytd 0.32%

이 수치를 통해 10년채 이자율의 증가분은 단기 인플레 기여도가 더
크고, 장기 성장률 기여도는 상대적으로 낮음을 알 수 있다. 즉 2021년
2분기에 강하게 나타난 인플레이션 값의 증가로 10년채 이자율은 높
아지는 것으로 보이지만, 실제 장기 경기 반등의 힘은 약하다는 추정도
가능하다. 이는 2021년 2분기 당시 느리게 회복되는 미국의 고용-4월
26만명(기대 70만명 이상), 5월 55만명(기대 60만명)-에서도 잘 나타나는

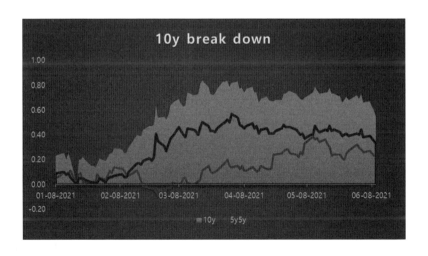

상황이다.

지금까지 5년채와 인플레이션을 통해 10년채 이자율, 즉 금리를 이해하는 컨셉적 모형을 보았는데, 이제는 좀 더 세분화해서 금리를 분석하는 연준의 DKW 모델 모형을 볼 차례다.

DKW 모델:
성장 때문인가, 인플레 때문인가, 아니면 정책 때문인가?

DKW 모델은 꽤 어려운 개념인 만큼, 기본적인 개념만 이해하고 넘어가도 무방하다. 연준의 DKW 모델은 금리를 구성하는 요소를 분해해 살펴보고, 금리 상승의 원인을 분석하기 위한 모델이다. 즉, 성장과 인플레이션, 또는 어떤 불확실성 요소에 의해 금리 변동이 생겼는지 확인할 수 있다. 성장과 인플레이션의 합으로 나타나는 경기 기대와 불확실성 중 어디에 더 큰 금리 변동 원인이 있는지 확인할 수 있다. 또 실질금리의 프락시proxy, 대용지표로 쓰이는 TIPS금리와, 기대 인플레이션의 프락시로 쓰이는 BEI값에 대한 실제값을 구할 수 있다. 그래서 ①현재 금리의 상승 또는 하락의 성질 ②기대 인플레이션이션(실질금리의 실제값에 근사한 값) 두 가지를 구할 수 있다. 복잡해 보이지만, 개념으로 접근하면 그렇게 복잡한 이야기는 아니다. 연준은 다음 표와 같은 지표들을 매월 업데이트한다. 소스는 첨부하니 매월 자료를 직접 돌려보는 것

혼들리지 않는 투자를 위한 경제지표9

도 투자에 도움이 될 수 있겠다.

이제 식을 써서 정리를 해보자. ①명목금리 ②TIPS금리 ③BEI다.

① **명목금리 = 단기 실질금리 + 기대 인플레이션 + 인플레이션 위험 프리미엄 + 실질 기간 프리미엄**

② **TIPS금리 = 단기 실질금리 +인플레이션 위험 프리미엄 +TIPS 유동성 프리미엄**

③ **BEI = 기대 인플레이션 − TIPS 유동성 프리미엄**

①에서 ②를 빼면 ③을 얻을 수 있다.

우선 BEI부터 정리해보자.

BEI는 기대 인플레이션과 다르다

통상적인 기대 인플레이션으로 쓰이는 BEI(5년-10년 브레이크 이븐 이자율)는 DKW 모델에 의하면 실제 기대 인플레이션보다 과장된 숫자를 보일 가능성이 있다. 왜냐하면 기대 인플레이션에서 TIPS의 유동성 프리미엄을 뺀 값이 BEI이기 때문이다.

경기 기대, 인플레이션, 불확실성 중 무엇이 금리를 움직였나

DKW 모델의 유용성은 금리 요소를 분해함으로써 경기 기대와 인플레이션, 또는 정책 불확실성 등 무엇이 금리를 움직였는지를 파악해 금리 상승이나 하락의 본질을 더 이해하게 하는 데 있다. 다음 ①식을 다시 보자.

① 명목금리 = 단기 실질금리 + 기대 인플레이션 + 인플레이션 위험 프리미엄 + 실질 기간 프리미엄

이 식에서 단기 실질금리와 기대 인플레이션은 경기에 대한 기대를 나타낸다고 볼 수 있고, 인플레이션 위험 프리미엄과 실질 기간 프리미엄은 불확실성을 나타낸다고 볼 수 있다. 왜냐하면 연준이 테이퍼링을 한다거나, 채권 매입을 한다거나 하는 정책 변화에 따라 인플레이션 위험 프리미엄과 실질 기간 프리미엄은 달라지기 때문이다.

아래 표를 예로 보자. 2020년 말부터 2021년 5월 28일까지, 명목금리인 5년채 금리는 0.44%에서 0.8%로 0.358%포인트가 변동했다.

date	exp.real.short.rate.5	exp.inflation.5	real.term.prem.5	inflation.risk.prem.5	tips.liq.prem.5	nominal.yield.raw.5
2020-12-01	-0.38	1.48	-0.59	-0.09	-0.33	0.4466
2021-05-28	-0.56	1.76	-0.37	-0.03	-0.81	0.80
변동	-0.186	0.281	0.223	0.065	-0.476	0.358

DKW 모델. 왼쪽부터 차례대로 실질단기금리, 기대인플레, 실질기간 프리미엄, 인플레 리스크 프리미엄, 유동성 프리미엄, 명목 금리

자료=FRED

이 변동요인을 분해해서 보면 아래와 같다.

- **단기 실질 이자율은 −0.186%로 오히려 감소했고**

- **기대 인플레이션은 0.281%포인트 증가**

- **실질 기간 프리미엄은 0.22% 포인트 증가**

- **인플레이션 리스크 프리미엄은 0.065% 증가**

따라서 5년채 단기금리의 상승은 주로 단기 기대 인플레이션 심리에 의해 크게 증가했고, 또한 실질 기간 프리미엄 때문에 크게 영향을 받아 증가했다. 즉 경기에 대한 반등보다는, 단기 인플레이션의 상승과 정책 불확실성에 의해서 금리가 상승했다는 추정이 가능하다. 이는 같은 기간 미국이 여전히 코로나에서 벗어나지 못하고 고용도 빠르게 늘지 않은 상황에서, 원자재 '슈퍼 사이클'로 표현되는 원자재 가격의 급등과 비트코인 등 자산 가격의 급등을 경험했던 점을 감안하면 크게 빗나가지 않은 설명이다.

3

아웃풋 갭이 플러스면 경제&증시는 과열

중급

앞서 우리는 '실질금리가 마이너스일 때 증시는 오른다'는 원리를 살펴보았다. 그러나 증시는 언제까지나 계속 오를 수 없고, 실질금리가 어느 지점에 이르면 버블에 이르게 되고 하락 사이클에 접어든다. 증시가 오르는 데 한계가 되는 그 마법 같은 금리는 어느 정도의 금리일까? 실질이라는 개념을 이용해, 이번 챕터에서는 그 답을 찾아보자. 마법의 지점을 알 수 있다면 상투를 잡는 일도 없고 고점에서 잘 팔고 나올 수 있을 것이다.

혼들리지 않는 투자를 위한 경제지표9

아웃풋 갭^{output gap}은
경기가 과열인지 알려준다

실질금리의 '실질' 개념을 GDP 성장에 대입한 지표가 아웃풋 갭output gap, 즉 GDP 갭이다. 먼저 경기가 언제부터 과열인지 알아보자. 아웃풋 갭은 아래와 같은 수식으로 구해진다.

$$\text{Output gap} = \frac{\text{actual output} - \text{potential output}}{\text{potential output}} \times 100$$

여기서 아웃풋은 생산을 의미하므로 실제 산출은 GDP로 풀어 쓸 수 있다. 그럼 우리말로 바꿔보면 이렇다.

$$\text{아웃풋 갭} = \frac{(\text{실제 GDP} - \text{잠재GDP})}{\text{잠재 GDP}} \times 100$$

잠재 GDP란, 인플레이션을 가속화하지 않으면서 달성할 수 있는 최대 생산 수준을 의미한다. 다르게 표현하면, 한 경제가 잠재적으로 만들어낼 수 있는 생산의 최대치다.

따라서 아웃풋 갭이 플러스라는 것은 실제 달성한 GDP가 잠재 GDP보다 크다는 의미다. 즉 잠재 체력을 넘어선 상태로, 과수요가 강하고 인플레이션이 발생하고 있다는 의미이며 경기가 과열이라는 뜻이다. 반대로 아웃풋 갭이 마이너스라면, 잠재 체력만큼 경제가 생산하지 못

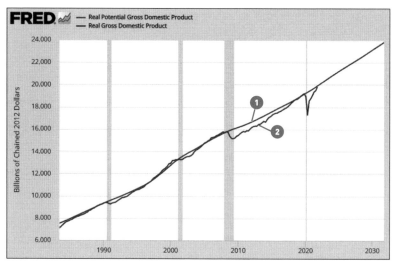

미국의 실제 & 잠재 GDP   자료=FRED

하고 경기가 안 좋다는 의미이고 디플레이션 상태로 경기 부양이 필요
한 상황이다.

위 그래프는 미국의 실제 GDP(①)와 잠재 GDP(②)를 보여준다. 실
제만큼 잠재가 따르지 못하면(②가 ①보다 아래에 있을 때) 아웃풋 갭은 마
이너스이고, 위에 있을 때 아웃풋 갭은 플러스이다.

아웃풋 갭이 플러스로 전환되면
자산시장은 긴장한다

아웃풋 갭이 중요한 이유는 경기 과열 여부를 알려주고, 또 증시 과열 여부를 알려주기 때문이다. 2008년 미국 금융위기, 2020년 코로나 위기가 닥치면 아웃풋 갭은 크게 마이너스로 내려간다. 잠재 GDP는 일정하게 유지되는 반면, 실제 GDP는 크게 하락하기 때문이다.

이때 연준은 어떤 행동을 할까? 금리를 급격히 내리면서 통화량을 늘리는 등 통화 완화정책을 편다. 다른 말로 실질금리를 마이너스로 가져간다. 왜? 실제 GDP를 올리기 위해서다. 그럼 아웃풋 갭은 어떻게 될까? 당연히 급격히 개선된다. 그럼 증시 등 자산시장은 어떻게 될까? 위기로 급락했다가 경기 반등을 타고 급격히 반등한다. 앞서 본 실질금리가 마이너스 구간이므로 편하게 상승한다. 언제까지? 연준의 부양이 멈출 때까지일 가능성이 높다.

연준은 언제 부양을 멈출까? 아웃풋 갭이 마이너스를 벗어나면 경기는 과수요 구간이라고 했다. 이미 과수요 구간인데 연준이 부양을 지속할 이유가 있을까? 당연히 아니다. 이때는 긴축으로 전환을 고려한다.

자, 그럼 우리는 답을 얻을 수 있다. 아웃풋 갭이 마이너스에서 플러스로 전환되기 전, 연준은 부양을 멈춘다. 금리 인하기는 끝나고 금리 인상기로 접어든다. 연준이 긴축으로 돌아서면 자산시장은 어떻게 될까? 쉽게 상승하지 못한다. 그렇다. 아웃풋 갭이 마이너스일 때는 자산시장은 편하다. 그러나 '0'이 되기 직전부터 시장은 이제 연준의 긴축을 걱정한다. 경기는 과수요로 접어들어 더 좋아지겠지만, 자산시장은 아웃풋 갭이 마이너스일 때 누리던 강한 상승을 더 이상 누리기 어렵다. 이때 실질금리도 자연스럽게 마이너스에서 플러스로 전환을 준비한다.

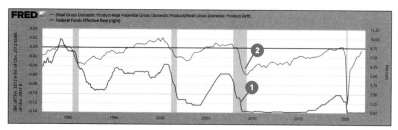

미국 기준금리(①)와 아웃풋 갭(②). 1990년대부터 3번 불황을 겪은 미국 경제는 매번 기준금리를 대폭 내렸다가, 아웃풋 갭이 대략 −0.02%에 도달하면 금리 인상을 시작했다. 그리고 1~3년간 금리 인상을 이어갔다.

자료 : FRED

자료 사이트

- **미국 실질금리**
  https://fred.stlouisfed.org/series/DFII10

- **미국 아웃풋 갭**
  https://fred.stlouisfed.org/graph/?g=1s#0

- **미국 실질 생산률**
  https://fred.stlouisfed.org/graph/?g=8eiT

7장

한국 증시의 나침반
'수출금액지수'

1

한국 경제는 수출·반도체가 결정한다

한국 경제와 증시를 분석하기 위해 반드시 필요한 지표는 한국의 수출금액지수와 반도체 사이클이다. 한국 경제의 수출 의존도가 높기 때문이다. 특히 수출의 20% 가량을 차지하는 반도체는 한국 경제에 가장 중요한 지표 가운데 하나다. 거칠게 요약해보면 반도체가 잘 될 때, 즉 반도체를 주력으로 하는 삼성전자와 SK하이닉스가 사업이 잘 될 때, 한국 경제도 대체로 좋고 증권시장도 좋다.

수출금액지수는 한국은행이 매달 발표하는데, 매달 한국의 수출금액을 지수로 만들어서 표현한 것이다. 수출금액이 늘면 수출금액지수도 올라간다. 우리나라 수출의 20%를 메모리 반도체가 차지하기 때문에 반도체 가격이 높을 때 수출금액지수도 높고, 수출이 좋을 때 한국 경제가 좋기 때문에 수출금액지수가 높을 때 한국 경제와 코스피도 당연히 좋게 된다. 반도체 가격은 주로 메모리 반도체 가격을 의미한다.

반도체는 역사적으로 2년 가격 사이클이 있다. 2년 좋고, 2년 나쁜 사이클이다. 따라서 한국 수출도 2년이 좋으면 다음 2년은 대체로 좋지 않고, 코스피도 2년이 좋으면 2년은 안 좋은 경향이 있다. 이를 가리키는 용어가 '박스피코스피지수가 박스권에서 오르고 내리고 하는 현상'다.

2   코스피지수는 수출금액지수와 거의 일치한다

수출금액지수

수출금액지수는 매월 한국의 수출 증감을 보여주는 지표이다. 2015년 100을 기준으로 수출 물량과 수출 단가를 곱해서 지수화한 것으로, 한국은행이 매월 발표한다. 자료를 찾아볼 수 있는 곳은 챕터 끝 참고자료에 사이트를 모아두었다. 수출금액지수가 높다는 것은 수출이 잘 된다는 뜻이다. 한국 경제, 특히 제조업이 호조라는 의미로 볼 수 있다. 다음 페이지 그래프는 2015~2021년 사이의 수출금액지수를 보여주고 있다. 2015~2016년은 전년 대비 -9%, -5%로 마이너스를 기록했고, 2017~2018년 2년간은 플러스를 기록했다. 그리고 다시 2019~2020년 마이너스로 전환했다.

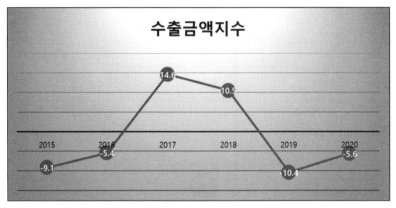

2015~2020년 수출금액지수

수출금액지수는 2년 사이클

앞서 그래프가 보여주듯이 한국 경제의 바로미터인 수출금액지수는 2015년 이후 2년 사이클이었다. 즉, 2년 동안 마이너스, 다음 2년은 플러스, 그리고 다시 2년은 마이너스인 사이클이다. 경제에서 사이클을 발견하면 주목하자고 했다. 한국 경제가 수출 경제임을 고려하면, 한국 경제도 사이클임을 추정할 수 있다. 그리고 그 사이클의 주기는 2년이다. 2년 좋으면 2년 나쁘고 2년 나쁘면 다시 2년 좋아지는 패턴을 반복했다.

수출금액지수를 해석할 때 우리는 두 가지 접근이 필요하다. 첫 번째는 금액지수 자체의 절대값이다. 높으면 좋고 낮으면 나쁘다고 했다. 그리고 두 번째는 전년 동기 대비 증감률이다. 증감률은 금액지수가 더 좋아질지, 이제는 더 좋아지기 어려울지를 판단하는 데 쓰인다.

혼들리지 않는 투자를 위한 경제지표9

아래 그래프를 다시 보자. 2017년 3월부터 2022년 1월까지의 수출 금액지수와 전년 동기 대비 증감률을 나타내고 있다. 중요한 지점은 지수가 가장 높았던 2018년 8월, 가장 낮았던 2020년 6월, 그리고 다시 가장 높은 2021년 10월이다. 한국 경제나 한국 증시에 관해 투자 판단을 해야 한다면, 이 지점들이 매우 중요하다. 어떤 투자의 의미를 가지는지는 곧 다음 챕터에서 살펴보자.

다시 증감률을 보자. 증감률의 핵심은 마이너스에서 플러스로 바뀌는 지점, 반대로 플러스에서 마이너스로 바뀌는 지점들이다. 즉 금액지수는 증가하더라도 증감률이 낮아지기 시작하면 머지않아 금액지수도 낮아질 수 있다는 해석이 필요하다. 특히 플러스에서 마이너스로 바뀌면 긴장하고 지표를 살펴야 한다.

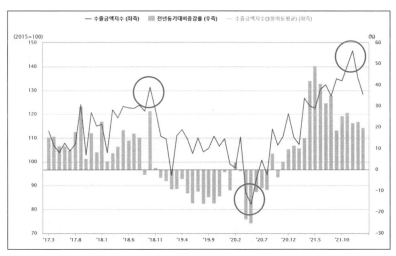

2017년 3월~2021년 10월 사이의 수출금액지수 추이
자료=한국은행

수출금액지수와 연동되는 코스피

지금까지 우리는 '수출금액지수는 2년 사이클이다'를 알아보았다. 우리는 이번 장을 시작하면서, 한국 증시, 즉 코스피를 알려면 수출금액지수를 보자고 했다. 코스피, 한국 증시는 수출금액지수와 관련이 있다는 의미다. 지금까지 수출금액지수가 2년 사이클을 보여줌을 확인했고, 이제 코스피에 대해서 알아보자. 앞서 보았던 수출금액지수와 동일하게 2015년 이후부터 지수의 흐름을 보자.

아래 차트에서 오르고 내리는 구간이 패턴이 있음을 한눈에 알 수 있다. 대략의 상승과 하락의 평균적인 추세를 선으로 표시했다. 2015~2016년 코스피는 대체적인 하락을 보인다. 이후 2017년부터 코스피는 2018년 여름까지 대략 2년간 상승을 보여주고, 여름을 기점으로 하락을 시작한다. 이 시기의 하락은 꽤나 길다. 그리고 2020년 봄을 기준으로 다시 2022년까지 상승을 이어간다. 앞서 살펴본 수출금액지수와 동일간 패턴, 동일한 주기임을 알 수 있다.

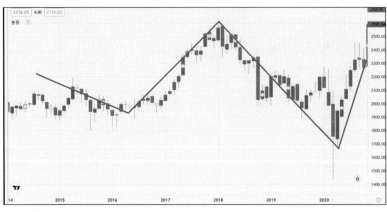

코스피지수   자료=트레이딩뷰

코리아 디스카운트,
박스피의 원인은 수출 사이클

　한국 증시와 관련해서 유명한 2가지 용어가 있다. '코리아 디스카운트'와 '박스피'다. 한국 증시가 저평가되었다는 의미의 '코리아 디스카운트', 경제는 이미 선진국에 들어섰는데 증시는 그만한 대우를 못 받고 있다는 표현이다. 이 근거로 한국의 대표 기업인 삼성전자와 미국 대표 기업인 애플을 비교하곤 한다. 매출 기준으로 삼성전자는 한 해에 약 300조 원, 애플은 400조 원이다. 그러나 주식의 총가치인 시가총액은 삼성전자가 412조 원, 애플은 그 8배 이상인 3,460조 원 정도이다. 삼성전자가 애플에 비해 매출은 30%밖에 적지 않지만, 주가는 대략 800% 이상 적은 셈이다. 이런 코리아 디스카운트 내지 삼성전자 디스카운트는 '박스피'와도 연결이 되어 있다.

　박스피는 코스피의 지수가 주기적으로 오르내릴 뿐 크게 오르지 못함을, 즉 '박스에 갇혀서 움직인다'를 의미한다. 왜 코스피는 박스피일까? 그리고 왜 박스피는 코리아 디스카운트를 초래할까? 결론부터 이야기하면 코스피는 한국 경제를 종합적으로 반영하기 때문이다. 즉, 한국 경제는 수출 중심이고 이 수출이 2년 주기로 좋았다 나빴다를 반복하는 점이다. 따라서 수출이 좋을 때는 코스피도 좋고, 수출이 다시 나빠지면 코스피도 하락하는 패턴이다. 그래서 일정 지수를 크게 벗어나지 못하고 오르고 내리고를 반복하며 박스피가 되는 셈이다. 이렇게 박스피가 움직이기 때문에, 즉 주기적으로 좋았다 나빴다를 반복할 뿐 지속적으로 상승하지 못해 코리아 디스카운트가 불가피하게 따라온다. 만일 한국 수출금액이 반복되는 패턴이 아닌, 매년 지속적으로 우상향 하는 성장의 패턴이라면 박스피도 존재하지 않고, 동시에 코리아 디스카운트도 없을 것이다. 또한 삼성전자의 애플 대비 디스카운트도 없어야 합리적이다. 우리는 박스피나 코리아 디스카운트를 탓하거나 원망할 필요가 없다. 그것은 상수이고 우리가 투자에 이용해야 할 원리다.

2022년 외국인의 끝없는 매도는 당연한 사이클

수출금액지수에 연동된 코스피를 투자에 가장 잘 활용하는 세력은 외국인이다. 신문에서 '외국인 매도로 코스피지수 하락', '외국인, 끝없는 매도', 또는 '외국인-기관 쌍끌이 매도로 지수 급락' 같은 기사를 자주 보게 될 것이다. 특히 '외국인, 이번 달에도 매도', '외국인의 이어지는 삼성전자 사랑' 이런 기사들을 보게 된다. 핵심은 지속성이다. 외국인은 한국 수출 패턴에 따라 살 때는 지속적으로 사고, 팔 때는 지속적으로 한국 증시를 팔고 떠난다.

구체적으로 시간을 정해놓고 보자. 2021년 하반기 이후 외국인은 2022년 1분기까지 대략 23조 원어치 주식을 매도했다. 이를 월별로 나눠보면 21년 6월 이후 지속적으로 매도를 이어갔다. 예외가 있다면 12월 한 달 뿐이다. 이를 통해서 우리는 외국인이 한국 증시를 팔 때 어떤 패

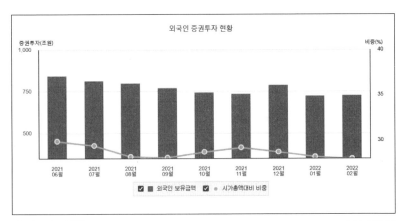

외국인 증권투자 현황 　　　　　　　　　　　　　　　　자료=e나라지표

턴에 따라 지속적으로 매도와 매수를 반복한다는 것을 추정할 수 있다.

　　2021년 6월은 코스피가 약 3,300선에서 최고점을 형성하던 시기다. 이후 코스피는 줄곧 하락을 이어가 2,500포인트까지 하락하게 된다. 외국인은 왜 6월부터 코스피 매도를 시작했을까? 그리고 왜 줄곧 매도를 이어갈까? 그리고 언제까지 매도를 이어갈까? 이런 포인트를 이해한다면 한국 증시나 코스피지수에 투자하기는 훨씬 수월해진다.

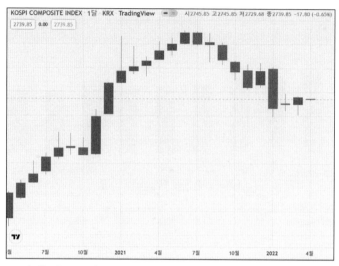

2020년 6월부터 2021년 4월까지의 코스피지수 추이   자료=트레이딩뷰

　　아마도 눈썰미가 있는 독자라면, 왜 2021년 6월 외국인이 한국 증시에서의 매도를 이어가기 시작했는지 이미 감을 잡았을 것이다. 앞서 수출금액지수를 보면서 지수의 절대값도 중요하지만, 동시에 전년 대비 증감률이 중요하다고 했다. 증감률이 앞으로 이어질 지수를 추정하게 하기 때문이다. 즉 증감률이 떨어지기 시작하면, 금액지수도 머지않아 하락할 가능성이 높다. 다음의 수출금액지수를 다시 보면 2021년 5월 증감률은 최고점을 이루고, 6월부터는 5월에 미치지 못하는 증감률을 보여준다. 6월부터 본격적으로 매도를 시작하는 외국인의 매매가 과연 수출금액 증감률과 무관할까? 그리고 외국인의 매도가 언제까지 이어질지, 또 언제 다시 외국인은 한국 주식을 사기 시작할지도 이와 맥락에서 예측 가능할 것이다.

　　　　　　　　　　　　　　　　　혼들리지 않는 투자를 위한 경제지표9

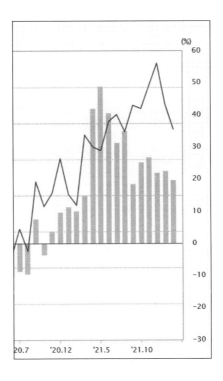

수출금액지수(선)와 증감률(막대). 5월을 정점으로 수출금액 증감률이 꺾이자 6월부터 외국인은 코스피를 지속적으로 매도하기 시작한다.

자료=한국은행

외국인의 매매 패턴을 2015년부터 살펴보면, 다음 페이지의 그래프를 얻게 된다. 2015~2016년 한국 증시에서 사고, 2017년부터는 팔기 시작한다. 즉 한국 수출과 증시가 안 좋을 때, 외국인은 반대로 매수해 나가는 것이다. 소위 '저점매수'를 이어가다가, 2017년 한국 경제와 증시가 좋아지면서 외국인은 수익실현을 한다. 그래서 한국 증시가 가장 좋았던 2018년 오히려 외국인 보유금액은 줄어들고, 이후 한국 수출이 안좋은 2019~2020년에는 매수를 이어가며 다시 저점매수를 해나간다.

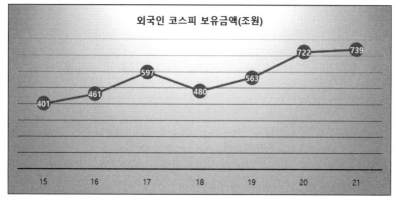

외국인 코스피 보유금액 증감 추이　　　　　　　　　　　　　자료=한국거래소

그럼 외국인의 이후 패턴은 어떻게 될 것인가? 역시 수출금액지수의 패턴에 따라서 한국 경제가 안 좋을 때 사고, 좋아지면 수익 실현을 위해 매도를 이어가는 패턴을 우리는 예상 할 수 있다.

일본 엔화가 높아지면
불리한 코스피

한국 경제는 수출형이고, 주요 수출품목은 일본과 많이 겹친다. 예를 들어 현대자동차와 도요타, 삼성전자와 소니 등 자동차·전기전자 등 비슷한 수출주도 산업구조를 가지고 있고, 따라서 수출 상품도 비슷하다. 이는 한국 수출 상품들이 글로벌 시장에서 주로 일본 상품과 많이 경쟁함을 알 수 있게 한다. 따라서 일본 상품이 현저하게 좋아지거나 가격

경쟁력이 생기면, 한국 수출은 주춤해지고 한국 경제와 증시도 그다지 좋지 못하다.

일본 수출이 좋아지는 조건, 즉 일본 상품의 가격이 싸게 느껴지는, 전문용어로 가격 경쟁력이 생기는 조건 중 하나가 일본 엔화가 약해지는 것이다. (환율이 약해지면 달러 대비 환율은 올라간다. 여기서 헷갈리지 말자. 환율이 약해지면 수출 경쟁력이 높아진다. 이는 앞서 환율 장에서 충분히 살펴보았다.) 일본 엔이 보통 달러당 105엔에서 110엔 정도였다가, 갑자기 120엔이 되면 대략 10%정도 가격이 싸지는 셈이다. 이때 한국 달러/원이 그만큼 약해지지 않으면, 한국 상품의 수출 경쟁력이 약해진다. 2022년 상반기 일본 엔은 중요한 지점인 달러당 125엔에 이르는 '슈퍼 엔 약세'를 보이게 된다. 이렇게 엔이 약해지면 한국의 수출을 비롯해 경제·증시까지 모두 부정적인 영향을 받게 된다.

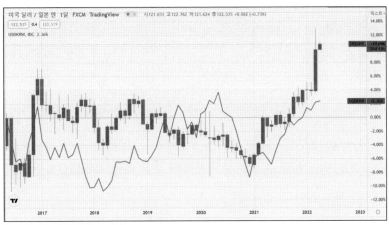

일본엔(캔들)과 한국 달러/원(선) 환율 추이. 한국의 달러/원 환율 대비, 일본 엔이 8% 이상 달러대비 약세를 보이고 있다.

자료=트레이딩뷰

3

반도체도
사이클을
탄다

반도체의 격한 사이클

2021년 수출 총액은 6,440억 달러이고, 그중 반도체는 1,280억 달러로 전체 수출의 약 20% 비중을 차지한다. 그만큼 반도체의 수출 비중은 압도적이다. 자동차·선박·석유제품 등을 다 합쳐야 반도체 수출금액과 비슷할 정도다. 그만큼 반도체는 ①한국 수출에서 차지하는 비중이 크고 ②2021년에는 전년 대비 증감률도 약 35%로 매우 높았다. 따라서 2021년은 한국 경제나 증시 모두에 좋은 해로 기록되었음을 굳이 수치를 보지 않아도 알 수 있다.

20대 주요 수출품목 규모 및 증감률

(단위 : 백만 달러, %)

순번	품목	'20년		'21.10월		'21.11월		'21.12월		'21년	
		금액	증감률	금액	증감률	금액	증감률	금액	증감률	금액	증감률
1	반도체	99,177	5.6	11,173	28.8	12,037	40.1	12,783	35.1	127,984	29.0
2	석유화학	35,589	△16.4	5,008	69.1	4,835	62.9	4,774	34.3	55,081	54.8
3	일반기계	47,885	△8.9	4,385	12.6	4,735	11.6	5,029	6.2	53,077	10.8
4	자동차	37,399	△13.1	3,828	△4.7	4,121	3.3	4,231	17.3	46,467	24.2
	(전기차)	4,608	39.9	734	48.5	744	51.6	841	129.7	6,989	51.7
5	석유제품	24,168	△40.6	4,074	147.6	3,928	123.9	3,846	79.2	38,152	57.9
6	철 강	26,557	△14.5	3,365	48.5	3,343	45.8	3,605	49.0	36,379	37.0
7	선 박	19,749	△2.0	1,543	6.4	3,527	237.6	1,420	△49.0	22,996	16.4

한국 품목별 수출 금액　　　　　　　　　　　　　　　　　　자료:산업자원통상부

메모리 2년 사이클

　한국 수출에서 절대적으로 중요한 반도체 가격은 사이클이 있다. 2015년 이후 대략 2년 사이클로 가격 변동이 있었다. 더 정확히 이야기하면 반도체 중에 메모리 반도체(반도체는 메모리와 비메모리 반도체로 나뉘고, 특히 비메모리 반도체는 시스템 반도체라고 불린다. 삼성전자·SK하이닉스 모두 메모리 비중이 높고, 비메모리 반도체의 1등 기업은 대만의 TSMC다)의 사이클이 2년이었다. 즉 2년 정도 메모리 반도체의 가격이 높으면, 다음 2년은 다시 낮아지는 사이클이다.

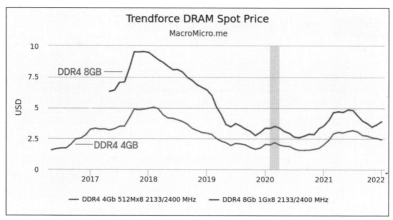

메모리 반도체 가격추이. 반도체 D램 가격이 18년 정점에 비해 낮고 아직도 바닥권이다.　자료: 매크로마이크로닷미

　4차 산업혁명으로 불리는 디지털 전환, 즉 DTDigital Transformation, 디지털
트랜스포메이션를 위해서는 이전보다 더 많은 반도체 수요가 불가피하다. 대
표적으로 자율주행을 구현하려면 자동차에 들어가는 반도체 양이 늘
어나는 것처럼, 모든 가전제품, 심지어 신발 같은 상품에도 반도체가
들어가는 IOT사물인터넷의 시대가 되어감에 따라 반도체 수요의 증가는
정해진 길이다. 다만 그 수요와 공급에 의해 사이클이 있을 뿐이다. 반
도체에 사이클이 생기는 것은, 수요는 꾸준하지만 시설투자가 증가해
일시적으로 수요 이상의 공급이 늘어나 2019년처럼 반도체 가격의 하
락이 나타나는 것이다.

　반도체 사이클 관련해서, 그 주기가 더 짧아지고 있다는 주장도 유
효하다. 반도체가 들어가는 상품이 더 많아지기 때문이기도 하고, 동시
에 비메모리 반도체에 대한 삼성전자의 투자 때문이기도 하다. 삼성전
자는 메모리 반도체 부문에서 확실한 글로벌 넘버원이지만, 비메모리

는 TSMC의 25% 정도의 시장만을 점유하고 있다. 그래서 삼성전자 '비전 2030 플랜' 아래, 2030년까지 비메모리도 글로벌 1등을 하겠다는 전략을 펼치고 있다. 점점 비메모리의 비중이 높아지면, 삼성전자의 메모리 사이클도 높고 낮음이 완화되고 좀 더 성장해나갈 수 있는 여건이 될 수 있다. 반도체 사이클이 완벽하게 2년이라고 보기보다는, 그 사이클의 주기가 짧아지고 장기적으로 등락 폭이 작아지는 패턴이 될지 지켜볼 필요가 있다. 그때는 삼성전자 주가도, 한국의 코스피도 박스권(또는 2년 사이클)에서 벗어날 수 있겠다. 그러나 아직은 상당히 시간이 필요하므로 장기적인 관점으로 바라보자.

'10만 전자'는 이뤄진다, 시간이 좀 걸릴 뿐

한국 경제는 수출 주도이고, 그 수출의 가장 중요한 품목은 반도체임을 살펴보았다. 반도체, 특히 메모리 반도체의 일등 업체인 삼성전자의 주가도, 실은 코스피나 한국 수출금액지수와 비슷한 패턴을 보이리라 추정할 수 있다. 따라서 삼성전자 주가는 2021년 고점을 찍고, 2022년은 반도체 사이클과 함께 약세를 보이고 있다. 이 약세는 반도체 사이클을 고려하면 1년 정도는 이어질 가능성이 있다. 2022년 6월 현재 '5만 전자'로 불리는 삼성전자의 주가가 동학 개미들이 꿈꾸는 10만 전자로 가려면 1년 정도의 시간이 필요하다 생각해볼 수 있다.

미국 텍사스 오스틴에 집중적으로 투자하고 있는 삼성전자가 시설 투자로 인한 매출 확대, 그리고 다시 반도체 사이클의 상승 전환, 그리고 비메모리 분야의 성과를 거둘 수 있다면 다시 10만 전자를 향해서 갈 수 있을 것이다. 다만 앞서 살펴본 대로 시간이 조금 더 필요하다.

한국 주식,
살 때와 팔 때는 정해져 있다

우리는 이제 많은 한국 경제와 수출, 나아가 한국 증시에 대해서 핵심적인 원리들을 알고 있다. 이를 어떻게 투자와 연결할 수 있을까? 앞서 외국인들의 한국 주식 매수 패턴을 살펴보았다. 매우 영리한 투자를 한다는 것을 확인했다. 왜냐하면 그들은 한국 경제가 수출과 반도체에 의해서 많은 영향을 받고 있다는 것을 알고 있고, 이를 잘 이용하기 때문이다. 우리도 외국인처럼 한다면, 언제 한국 주식을 사고 언제 한국 주식을 팔아야 할까? 답은 정해져 있다. 개별 주식 하나 하나까지 살펴보려면 투자는 기업 분석까지 겸해야 하지만, 한국 지수에 투자한다면 전체적인 시장이 좋을 때와 나쁠 때는 추론이 가능하다.

한국 주식은 수출금액지수가 사이클의 최고점일 때 팔아야 한다. 최고점을 어떻게 알 수가 있는가? 사실 지나고 나서 돌이켜보기 전에는 명확히 알 수가 없다. 그러나 우리는 고점을 추정할 수 있는 자료가 있다. 바로 증감률이다. 증감률이 마이너스로 전환하면, 이때부터는 주식 투자에 주의해야 한다.

아래 그래프로 보면 2018년 9월이 그런 해다. 증감률이 플러스로 전환하기 전에는 한국 주식시장은 대세 하락기라고 전제하고 보수적인 투자가 필요하다. 같은 논리로 한국 주식 투자를 시작해야 할 때도 알 수 있다. 증감률이 플러스로 전환되는 시기다. 이때는 좋은 수익도 기대할 수 있다. 아래 수출금액지수로 판단한다면 2020년 12월이 그런 시기다. 이때부터는 한국 주식시장이 대세 상승기라 생각하고 투자하면 좋다.

만일 2018년 9월에 팔지 못했다면 상당 기간 비자발적 장기투자에 시달려야 하고, 또 2020년 12월에 사지 못했다면 상당 기간 포모FOMO, fear of missing out. 상승장에서 나만 소외됐다는 두려움에 후회를 이어갈 수 있다.

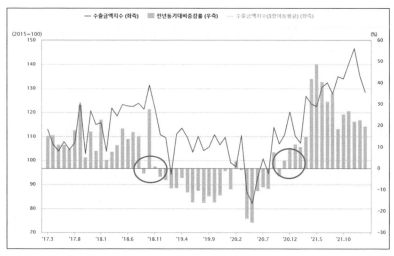

수출금액지수   자료: 한국은행.

2017년, 2019년, 2021년…
다음은 2023년?

한국 경제와 수출, 그리고 반도체 사이클에 대해서 살펴보았다. 그리고 이 사이클에 따라 코스피도 비슷하게 움직인다는 것을 알게 됐다. 2022년 상황에 적용하면 어떤 결론을 얻을 수 있을까? 한국 수출은 여전히 최대 금액을 갱신하는 중이다. 그러나 증감률은 2021년 여름을 정점으로 내려가고 있다. 동시에 코스피도 2021년 여름을 기준으로 약세에 접어들었다. 통상 20% 정도 고점에서 하락하면 약세장이라 말한다. 코스피의 고점이 2021년 8월 3,300포인트인데, 2022년 1분기에 2,500포인트까지 하락했다. 고점에서 20%가 하락하면 대략 2,600포인트 선인데, 이를 생각해보면 2022년은 대세 하락장의 전반기라고 볼 수 있겠다. 따라서 2022년은 코스피도 그렇게 강한 모습을 보이기 어려울 것을 전제하고, 주식 투자에 임하는 것이 리스크가 적다고 판단된다.

여기에서 사이클을 고려한다면 특별한 다른 변수, 예를 들어 전쟁이나, 미중 갈등 같은 정치적인 변수가 없다면, 2023년 말이나 2024년에 코스피에 상당히 우호적인 경제 환경이 될 가능성이 높다. 그러므로 2022년은 2023년 그리고 이후 좋아질 2024년을 대비하고 준비하는 해로 여긴다면 장기적인 투자에 좋은 결과를 가져다줄 것으로 기대된다.

자료 사이트

- **수출금액지수**
  한국은행 https://ecos.bok.or.kr/jsp/vis/keystat/#/key

- **매월/연가 수출 수입 데이터**
  산업자원부 http://www.motie.go.kr/www/main.do#

- **10일 단위 수출입**
  관세청 https://www.customs.go.kr/kcs/main.do

- **코스피 챠트**
  트레이딩뷰 https://kr.tradingview.com/chart

- **코스피 거래**
  한국거래소 http://data.krx.co.kr/contents/MDC/MAIN/main/index.cmd

- **외국인 증권투자 현황**
  e나라지표 https://www.index.go.kr/potal/main/EachDtlPageDetail.do?idx_cd=1086

- **반도체 디램 가격 추이**
  매크로마이크로닷미 https://en.macromicro.me/charts/36745/dram-spot-price

8장

국가의 미래를 결정짓는
'인구'

1

저출산 저인구는 저성장·저물가·저금리를 초래한다

이번 장에서는 경제 성장과 인구에 대해서 살펴보자. 국가의 경제 성장은 보통 GDP 지표로 측정된다. 국가 전체 경제가 생산해낸 총생산의 가치를 나타낸 것이 GDP다. 그리고 전년 대비 성장률이 GDP성장률이다. 인구 성장률과 경제성장률에 대한 많은 논란이 있다. 인구가 많으면 성장이 촉진된다는 주장도 있고, 꼭 그렇지 않다는 주장도 있다.

그러나 선진국의 경우, 인구가 감소하면 성장률이 정체된다는 것은 경험적 사실이다. 일본이 대표적인 사례이고, 유럽 또한 비슷한 경험을 하고 있다. 인구를 통해서 국가의 경제 미래를 예측해보자. 한국·일본·중국·인도 등 어느 나라에 투자가 유리할지도 살펴보자. 장기적으로 투자하는 나라를 선택하는 법을 익히는 셈이다.

2

인구 피라미드가
경제의 미래를
보여준다

경제에서 성장률이 중요하다는 사실은 금리와의 관계에서도 쉽게 확인된다. 금리는 직관적으로 보면 인플레이션과 성장률의 합이다. 이것을 공식으로 보여주는 것이 우리가 3장에서 익힌 테일러 룰이다. 경제성장률에 따라 금리도 달라지고, 그 금리에 따라 경제 정책의 방향도 달라지기 때문에 경제성장률은 중요한 변수다.

그러면 무엇이 성장을 만들어내는가? 우리는 이 장에서 경제 성장과 인구의 상관관계, 그리고 미래 경제 성장을 전망하는 데 있어서 인구 피라미드가 갖는 의미를 해석해본다. 미리 결론부터 보면 나라의 인구 구조가 국가의 경제성장률을 좌우하고, 미래의 경제성장률도 미리 알려준다.

혼들리지 않는 투자를 위한 경제지표9

경제 성장은 인구에서 온다

　고전 경제 이론에서 경제 성장은 상품과 서비스의 증가로 정의한다. 이는 생산능력의 증가를 의미하며 생산능력의 증가는 세 가지 요소로 이루어진다. ①더 많은 자본 투자 ②더 많은 노동 ③더 효율적인 자본과 노동의 사용 등이다. 세 번째 요소를 우리는 생산성이라고 부르고, 이 생산성은 기술 발전, 혁신 기업가 정신 등에 의해 발전된다. 생산성이 높은 가운데 투여되는 자본과 노동이 더 증가하면, 경제는 생산 능력이 증가하고 경제도 성장하게 된다.

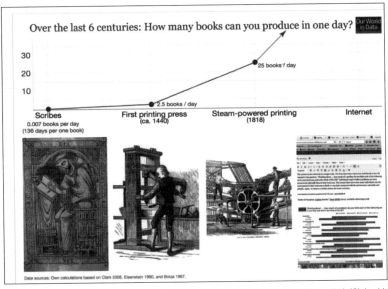

인쇄 기술과 생산성의 상관관계. 역사적으로 인쇄 기술이 발전할수록 생산성은 기하급수적으로 증가해왔다. 기술의 발전과 혁신이 효율성을 높이고 경제 성장을 가져왔다.

자료:월드데이터

인구는 생산 주체인 동시에 소비 주체이기도 하다. 한 나라의 인구가 일정 정도의 규모를 갖출 때, 그 나라는 지속가능한 내수 시장을 갖기 때문에 자생력이 높아진다. 중국 정부가 수출에 의존하기보다는 내수 중심, 소비 중심, 자체 기술 중심으로 가려고 하는 것도 14억 5,000만 명의 인구가 있기 때문이다. 일본 경제가 잃어버린 10년을 겪으면서도 계속 성장할 수 있는 것은 1억 명이 넘는 인구가 내수 시장을 받쳐주기 때문이다.

인구와 성장을 보기 위해, 2000년대 성장을 이루었던 이머징 국가들 중 대표적인 브릭스의 경우를 보자. 브라질은 인구가 2억 명이 넘고, 러시아는 1억 4,000만 명, 인도는 14억 명, 중국도 약 14억 5,000만 명으로 추산된다. 경제 발전은 미국에서 일본으로, 한국으로, 중국으로, 베트남으로 점진적으로 퍼져나간다. 생산능력의 근간인 기술 발전이 주변국으로 확장되기 때문이다. 그래서 앞으로 성장 가능성이 높은 나라를 꼽을 때, 인구가 많은 나라에 주목해야 한다. 특히 1억 명이 넘는 인구를 가진 나라들, 당연히 인도·중국을 포함해 2억 8,000만 명의 인구인 인도네시아, 1억 명의 베트남 같은 나라들이다.

인구의 수와 동시에, 인구 구성의 질이 경제 성장을 결정한다. 생산이 가능한 인구, 즉 경제활동인구, 다시 말해 어린이와 노령 인구를 제외한 20~60대 초반의 인구가 많을수록 경제는 굉장히 빠르게 성장할 수 있다. 젊은 인구가 증가하는 나라는 성장이 이어진다고 가정할 수 있다.

반대로 어린이와 특히 노령층이 많아지는 사회는 성장률이 둔화된다고 가정해야 한다. 초고령사회로 갈수록 부양해야 되는 인구의 부담이 증가하기 때문에, 경제의 탄력은 떨어지기 때문이다. 이러한 현상이 가장 크게 나타나는 곳이 일본이고, 유럽 국가들이다. 그리고 앞으로 한국과 중국이 걷게 될 길이다.

CASE STUDY

인도 ETF는 장기적으로 상승한다

▼

'서학개미', '중학개미' 등 미국이나 중국 주식시장에 대한 직접 투자자가 늘고 있다. 우리가 한 나라를 보고 투자를 할 때, 그 나라의 주식에 직접 투자하거나 채권을 살 수도 있고, 또는 우리 주식시장에서 그 나라의 지수를 추종하는 ETF를 살 수도 있다. 2020~2021년 가장 높은 상승률을 보여줬던 국가 ETF 중에 'KOSEF 인도Nifty50' ETF가 있다. 아래 그래프처럼 2016년 이래 지속 상승해 2022년까지 2배 이상 상승했다. 이 지수는 인도의 니프티Nifty 50 지수를 추종한다.

그런데 지금까지 이렇게 높은 성장률을 보여 왔던 인도가 앞으로도 계속 성장할 수 있을까? 인도 증시의 지수를 추종하는 니프티50 ETF는 계속 상승할 수 있을까? 답을 인도 인구와 인구 피라미드에서 찾을 수 있다. 인도의 인구 피라미드를 보면 10~20대 인구가 가장 많고, 또 30~40대 인구도 상대적으로 많다. 반면 65

세 이상의 노령 인구는 적은 종 모양의 구조를 가지고 있다. 그리고 인도의 인구는 현재 14억 명으로 집계되는데, 인구 증가가 계속 이어져 2060년까지도 인도의 인구는 지속적으로 증가할 것으로 전망되고 있다.

인도·중국 그리고 미국·베트남 등 국가 지수에 투자하는 ETF들이 있다. 대표적인 상품들은 아래에 추가로 붙여본다

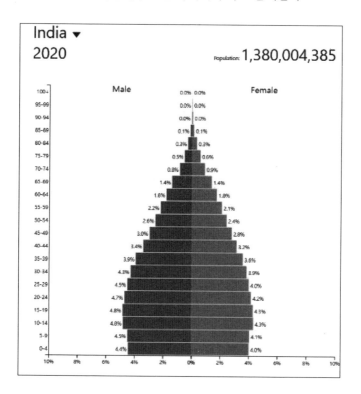

혼들리지 않는 투자를 위한 경제지표9

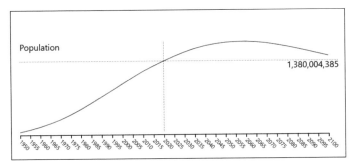

인도의 인구 피라미드와 인구 증가 추이(전망). 20~50대 인구가 많고, 2060년까지 인구성장이 이어지는 인도는 경제성장도 앞으로 20~30년 지속될 가능성이 높다.　　　　자료 : 월드파퓰레이션

KODEX 200선물인버스2X	KODEX 미국나스닥100선물(H)
KODEX 인버스	KODEX 미국S&P500선물(H)
KODEX 레버리지	KODEX 미국러셀2000(H)
KODEX 코스피	KODEX 일본TOPIX 100
KODEX 미국달러선물 레버리지	KODEX 차이나심천ChiNext(합성)
KODEX 코스닥150선물 인버스	KODEX 차이나CSI300
KODEX 코스닥150 레버리지	KODEX 차이나A50
KODEX 차이나H레버리지(H)	KODEX 차이나과창판STAR50(합성)
KODEX 미국나스닥100선물 인버스(H)	KOSEF 인도 NIFTY 50(합성)
KODEX 미국나스닥100 레버리지(합성 H)	

국가 지수에 투자하는 ETF 목록

　　이런 인구 구성을 가진 인도의 경제는 어떻게 될까? 인도 경제는 지금의 성장을 계속 이어갈 가능성이 높다고 추정된다. 첫 번째로 절대 인구 자체가 아직도 증가 추세에 있다. 그 말은 인도의 성장과 소비가 지속적으로 증가할 것을 의미한다. 두 번째는 인구

구성의 질이 굉장히 높다. 젊은 인구, 즉 20~50대에 해당되는 경제 활동 인구가 많고, 경제가 부양해야 되는 노령층 인구는 적어 앞으로도 30년 동안 인도의 경제는 빠르게 성장할 수 있을 것으로 기대된다. 따라서 경제가 성장함에 따라 그 나라의 증시도 성장한다고 가정한다면, 인도의 지수를 따라가는 인도 ETF도 단기적으로는 변동성을 겪겠지만, 장기적으로는 우상향할 가능성이 높다는 결론을 내릴 수 있다.

중국몽은 이뤄질까?

중급

2049년 미국을 넘어 '세계 제1국가'가 되겠다는 중국의 목표, 중국몽中國夢은 실현될 수 있을까? 미국과 중국의 패권 다툼이라는 정치적인 변수가 있어, 쉽게 예상하기는 어렵다. 그러나 중국의 경제 성장에 대해서는 인구를 근거로 전망할 수 있다. 중국은 현재 5% 내외의 GDP 성장률을 보이고 있고, 인구는 아직도 증가 추세에 있다. 2030년까지 중국 인구는 계속 늘어날 것으로 보이지만, 2030년을 정점으로 인구가 줄어들 것으로 전망된다.

중국 경제성장률은 점진적으로 낮아지고 있다. 인구도 2030년에는 정점을 이룰 것으로 전망하고 있다. 따라서 중국의 경제성장률 둔화는 점점 심화될 가능성이 높다.

혼들리지 않는 투자를 위한 경제지표9

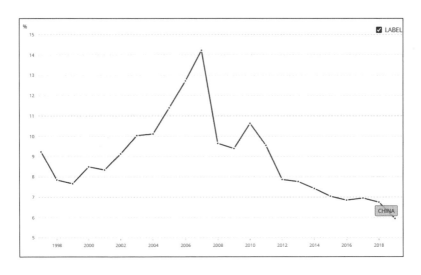

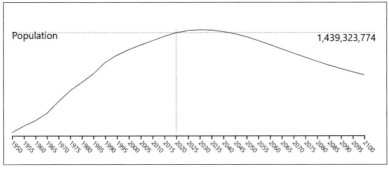

중국 경제성장률과 중국의 인구 증가 추이   자료 : 월드뱅크

    중국도 한국과 마찬가지로 빠르게 고령 사회로 접어들고 있다. 한국 인구가 감소하기 시작한 해가 2020년이었고, 중국은 2031년부터 인구가 감소하기 시작할 것으로 예상되고 있다. 즉 10년 정도 격차를 두고 중국이 한국의 인구 경로를 따르고 있는 셈이다. 중국이 한국보다 10년 뒤쳐졌다는 말은 인구 구조를 보면 거의 맞다.

중국의 현재 경제성장률 5%는 향후 2030년까지 4% 내외로 점차 낮아지면서 유지되겠지만, 2030년 이후로는 한국과 비슷한 2~3%대로 낮아질 것으로 우리는 전망할 수 있다. 따라서 2049년 중국몽을 달성하기 위해서는 초고령화 사회에 대한 정책 대응이 필요하다. 그래서 '공동 부유', '3자녀 정책' 같은 고령화 대응책을 중국 정부는 내놓고 있고, 앞으로 이런 정책들은 더욱 강화될 것이다.

중국의 성장률이 낮아진다면 글로벌 성장률도 둔화될 가능성이 높다. 그리고 중국 경제와 연관성이 높은 한국 경제에도 좋은 일은 아니다. 또 중국 주식에 투자한다면 목표 수익률을 과거보다 낮춰 잡아야겠다.

3 유럽병, 일본병이 보여준 한국과 중국의 미래

저성장·저금리·저물가, 그리고 저인구

장기금리 결정 요소에 대해서 다음과 같이 정리할 수 있다(2019, Philip R. Lane). 금리는 성장률(생산성), 인구 구성, 그리고 안전자산에 대한 포트폴리오 이동에 의해 영향을 받는다. 직관적으로 설명하자면 이렇다. 생산성이 높아서 성장률이 높을수록 금리는 높아진다. 그리고 노령인구가 많아지고 인구가 적어질수록, 경제의 역동성이 감소하고 금리는 낮아지는 경향이 있다. 마지막으로 안전자산에 대한 쏠림이 커질수록 금리는 낮아지는 패턴을 볼 수 있다. 왜냐하면 안전자산인 국채에 주로 투자해 이자가 낮아지기 때문이다(채권 수요가 늘면 채권 가격은 높아지고, 반대로 이자율은 낮아진다. 일본이 대표적인 사례다).

　이러한 현상들이 초저금리를 보여주는 선진국에서 보편적으로 볼 수 있는 현상이고, 요약하자면 저인구, 저성장, 저물가 그리고 저금리로 요약된다. 따라서 이렇게 결론을 내릴 수 있다. 인구가 감소하고 노령인구가 증가하면 성장률이 낮아지고 금리도 낮아진다. 그리고 인플레이션도 낮아진다.

10년채 이자율, 시장금리의 장기 하락

　미국과 유럽의 장기금리인 10년채 이자율은 1980년대 이후 지속적으로 하락하고 있다. 아래 그래프에서 보듯이 독일과 미국 모두 1982년

90년대 이후 지속적으로 하락하는 미국과 독일의 시중금리. 유럽이나 미국 등의 선진국의 시장금리가 모두 낮아지고 있다.

자료:FRED

혼들리지 않는 투자를 위한 경제지표9

을 정점으로 지속적인 금리 하락을 기록하고 있으며, 독일은 2019년 이후로는 심지어 마이너스 금리까지 보여주고 있다.

낮아지는 잠재성장률

미국과 독일의 금리가 낮아지는 동안, 미국의 잠재성장률 추이를 살펴보자. 1950년대 6% 수준이던 미국의 잠재성장률은 2%대로 낮아졌으며, 2030년 잠재성장률은 1.7%를 전망하고 있다. 잠재성장률이 낮아지는 추세는 금리가 지속적으로 낮아지는 것과 함께 하고 있다. 단 1980년대의 특이한 금리의 상승은 베트남전쟁, 오일쇼크로 인한 인플레이션과 이에 대한 대응으로 이해할 수 있다.

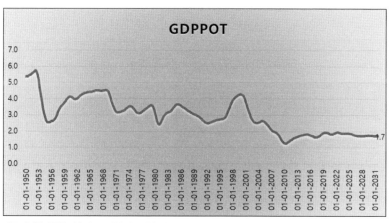

미국 잠재성장률은 지속적으로 낮아지고 있다. 성장의 체력이 둔화되고 있다는 의미다.

자료:FRED

이런 장기 잠재성장률의 하락은 비단 미국만의 일이 아니다. 유럽의 장기 잠재성장률도 1970년대 5%를 기록한 이후, 2010년대 거의 제로에 가까운 수치를 보여준다. 아래 표에서 우하향하는 미국과 유럽의 장기 잠재성장률 추이를 확인할 수 있다.

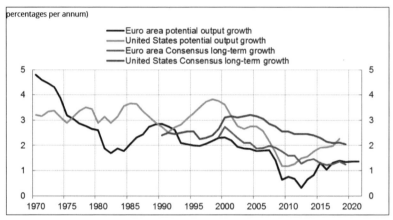

미국, 유럽의 장기 잠재성장률. 1970년대 이후 미국, 유럽의 잠재성장률은 지속적으로 하향 추세다. 자료: ECB 2019

잠재성장률의 하락,
생산성의 하락

그럼 잠재성장률의 하락은 무엇과 관련이 있을까? 경제 시스템의 산출물은 투입량과 투입요소의 효율성으로 정해진다. 투입량이 증가하고 효율성생산성이 증가하면 산출물아웃풋, output은 증가한다. 반대로 투입량과 효율이 떨어지면 아웃풋은 감소한다. 투입량은 인구 구성 즉, 경

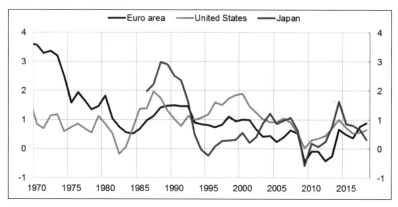

미국, 유럽, 일본 생산성 증가율 　　　　　　　　　　　　　　　　　자료 : ECB 2019

제활동인구와 관련이 있고 효율성은 노동을 포함한 경제요소의 생산성에 있다. 미국·유럽·일본의 생산성 성장을 그래프로 살펴보면 앞서 살펴본 잠재성장률과 비슷한 흐름을 보여준다. 유럽은 1970년대 4%에서 2010년대에는 제로에 가까운 수준으로 하락하고, 미국·일본도 비슷한 하락 추세를 보이고 있다.

여기까지 논의를 정리해보면, 장기금리의 하락 추세는 잠재성장률의 하락 추세와 연결되어 있고, 잠재성장률의 하락은 생산성의 하락으로 설명이 가능하다. 여기까지 금리와 성장률의 관계를 정리하고, 다음으로 인구 구성과 금리의 관계로 나아가보자.

한국은 2020년 인구가 감소하는 첫 해를 맞았다. 그리고 중국은 미래에 감소하는 인구에 대응하기 위해 2021년 세 자녀 허용으로 정책을 변경했다. 인구의 감소는 ①경제활동인구의 감소와 ②(경제 부양 인구에 해당하는) 노령인구의 증가를 의미하며 ③생산성의 하락을 가져온다. 미국과 독일 그리고 일본의 인구증가율 추이를 보면, 지금껏 우리가 살

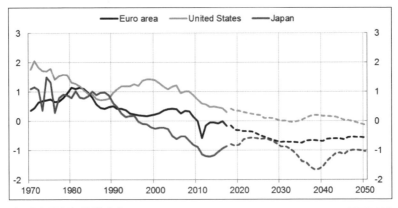

미국, 유럽, 일본 인구증가율 추이　　　　　　　　　　　　　　　　자료:ECB 2019

펴본 잠재성장률, 생산성증가율과 비슷한 흐름을 보여준다.

　미국·유럽·일본 모두 인구 증가율은 감소하고 있으며, 일본은 이미 2005년부터 인구가 감소해 마이너스 증가율을 보이고 있다. 인구가 감소하거나 증가율이 하락하는데 기대 수명은 매년 증가하면서, 경제활동인구는 상대적으로 감소하고 부양 인구는 늘어나는 추세를 보이고 있다. 이러한 인구 구성의 변화는 잠재성장률을 낮추는 원인이기도 하고, 동시에 자산의 포트폴리오를 국채 등 더 안정적인 자산으로의 이동을 가져오는 결과를 가져왔다.

일본병, 유럽병, 미국병?

　글로벌 경제의 성장 둔화를 잘 표현하는 용어가 '일본병'이다. 저인구로 인한 저성장, 저물가, 저금리를 내포한다. 1980년 이후 지속적인 물가의 하향안정세, 2%보다 낮은 경제성장률, 낮은 물가로 인한 마이너스 정책금리의 채택. 이런 일련의 과정을 '일본병'은 내포하고 있다.

아래 그래프는 일본의 물가상승률을 보여주고 있다. 1980년대 5% 이후 우하향하는 흐름을 보여주고 있다. 특히 1990년대와 2000년대 초에는 0% 또는 마이너스 인플레이션, 즉 디플레이션을 보여주고 있다. 이로 인한 대응으로 시행된 아베노믹스 시기인 2012년 이후 반등하다가 다시 2% 아래의 낮은 인플레이션으로 회귀하고 있다.

일본의 물가상승률. 1980년대 이후 1% 미만의 낮은 인플레이션 수준을 보이고 있다.

자료=www.tradingeconomics.com

일본 물가가 낮다는 것은 성장률이 낮다는 것과 거의 동일한 의미이며, 성장률이 낮다는 것은 금리 또한 낮다는 의미다. 일본은 2016년 이후 마이너스 금리를 도입했고, 시중금리를 일정 수준으로 제어하는 일드 커브 컨트롤을 시행하고 있다. 디플레이션에 대한 정책 대응이며, 저금리-저성장-저물가-저인구에 따른 정책 대응이다. 우리는 앞서 이러한 일본의 아베노믹스 정책을, 일본 중앙은행 총재의 이름을 따서 '구로다노믹스' 또는 '유사 MMT'라는 관점에서 살펴보았다.

유럽으로 옮겨간 일본병

독일 10년채 금리는 마이너스다. 일본병으로 불리는 저성장-저금리는 비단 일본만의 문제가 아니다. 유럽도 낮은 성장의 숙제를 벗어나지 못하고 있다. 1998년부터 '2% 아래' 인플레이션 목표를 갖고 있지만, 유로존의 인플레이션은 2013년부터 줄곧 2%에 미치지 못하고 있을 만큼 낮은 인플레, 동시에 낮은 성장에 시달리고 있다.

아래 그래프는 유로존 전체의 국내총생산 성장률을 보여주고 있다. 1992년 이후 장기적으로 우하향하는 흐름을 보여주고 있다. 전년 동기 대비이기 때문에 기저효과로 일시적으로 높아지는 구간이 있으나, 평

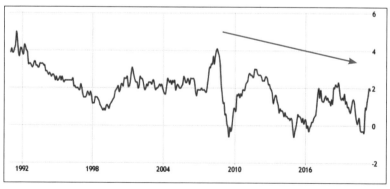

유럽연합의 경제성장률   자료 : www.tradingeconomics.com

균적인 흐름은 하락 추세를 보이고 있다. 유로존의 대표격인 독일 10년채 금리도 2021년 7월 -0.3%로 마이너스를 기록하고 있다. 일본이 먼저 겪었을 뿐, 독일을 포함한 유럽연합도 저성장-저금리-저물가의 문제를 마주하고 있다고 볼 수 있다.

미국으로 번지는 일본병?

일본병은 비단 일본이나 유럽의 문제가 아니다. 미국도 정도의 차이일 뿐 예외가 아니다. 미국의 잠재성장률은 1990년대 중반 4%를 기록한 이후 지속적으로 하락 중으로, 2022년 현재 대략 2% 내외를 기록하고 있고, 2025까지 약 1% 후반대의 잠재성장률을 전망하고 있다. 일본과 유럽연합만큼 강한 하락세는 아니지만, 미국 또한 저성장 탈피라는 문제를 마주하고 있다. 이런 경제 상황은 연준이 2020년 평균물가목표제AIT를 채택하는 배경이 된다. 즉 올라가지 않는 인플레이션이 너무 강한 상한인 2% 때문이라는 주장에 대한 대응으로, 인플레이션 상한을 좀 더 높이면서 용인의 폭을 넓히는 스탠스를 유지하는 셈이다. 정리하면 미국은 저물가-저성장-저금리의 일본병을 예방하기 위해, 미리 마이너스 금리 가능성을 차단하고 인플레의 상단을 좀 더 용인하는 방향으로 정책 방향을 정한 셈이다.

이러한 연준의 부양 노력이 2020년 코로나 위기를 맞아 훨씬 더 폭은 커지고 속도는 빨라지게 됐다. 디플레이션을 타개하기 위한 일본의

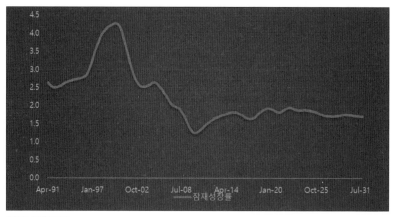

미국의 잠재성장률 　　　　　　　　　　　　　　　　자료 : FRED

아베노믹스를 필두로, 유럽과 미국의 적극적인 통화 정책으로 이어지고 있다.

일본병은 한국이 경험할 미래

한국 경제는 일본을 10년 격차로 따라간다고 한다. 경제 발전 모델이 비슷하고 인구 구조가 비슷하기 때문일 것이다. 그 말이 맞다면 일본이 겪었던 일본병은 한국이 겪을 '한국병'이 될 가능성이 높다. 저성장-저금리-저물가-저인구 '低低低低 현상'을 코로나 시대에 잠시 잊고 살고 있지만, 코로나로 인한 일시적인 경기 붐이 지나고 나면 한국은 다시 '低低低低 일본병', 디플레이션을 다시 마주할 가능성이 높다. 따라서 한국 경제의 미래를 예측할 때, 우리는 일본이 겪었던 경험을 참

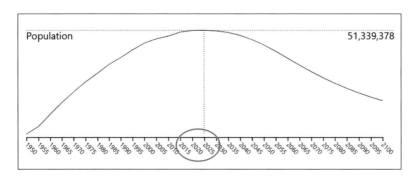

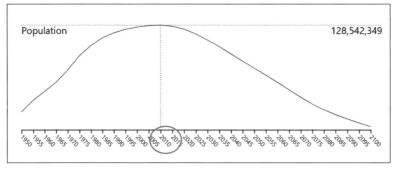

한국과 일본의 인구 전망. 일본은 2010년부터 인구가 감소하고, 한국은 10년 후인 2020년부터 인구가 급격히 감소해 초고령화 사회로 급속히 접어들 것으로 보인다.

자료:www.populationpyramid.net

고할 수 있다.

한국과 일본의 인구 구조는 매우 유사하다. 일본 인구는 현재 약 1억 3,000만 명으로, 2010년을 정점으로 감소하기 시작했다. 한국은 현재 5,100만 명 정도의 인구로, 일본보다 10년 뒤인 2020년부터 인구가 감소하고 있다. 감소의 속도도 가팔라서 한국은 2070년에는 인구가 절반으로 줄어든다는 추정이 나오고 있다. 한국이 일본과 비슷한 인구 감소를 겪게 된다면, 경제성장률은 현재 2%에서 1%, 그리고 0%로 떨어질 가능성이 높다. 따라서 일본이 아베노믹스로 경기 부양을 했던 것처럼,

한국도 일본과 같은 적극적인 재정 정책, 그리고 경기부양 정책이 필요한 시점이다.

우리가 한국과 일본의 경제 유사성을 볼 때, 인구 피라미드를 근거로 판단해볼 수 있다. 일본은 초고령사회로 이미 접어들었고, 최악의 피라미드 구조를 가지고 있다. 즉 70대 인구가 가장 많고, 다음으로 80대·60대 인구가 많다. 반면 경제활동 인구인 20~50대 인구는 적다. 그리고 10~20대 인구는 가장 작은 구조를 가지고 있는데, 이와 거의 동일한 인구 피마리드 구조를 가진 것이 한국이다. 따라서 일본이 초고령화로 인해 겪었던 저성장의 문제는, 한국이 앞으로 겪어야 되는 '한국병'이 될 가능성이 높다.

반면 인도의 인구 구조를 보면, 한국·일본과는 전혀 다른 종 모양의 매우 안정적인 모양을 가지고 있다. 따라서 한국·일본이 앞으로 저성장의 경로를 밟게 될 가능성, 즉 디플레이션 가능성이 높은 반면에 인도는 앞으로 20~30년간 장기적으로 성장하는 나라가 될 가능성이 높다. 한국이 저인구에 대한 대책, 그리고 경기 부양에 대한 정책들을 지금 강하게 추진하지 않는다면, 일본이 10년 전에 갔던 길을 그대로 답습할 가능성이 매우 높다는 것은 양국의 인구 구조가 명확하게 보여주고 있다.

혼들리지 않는 투자를 위한 경제지표9

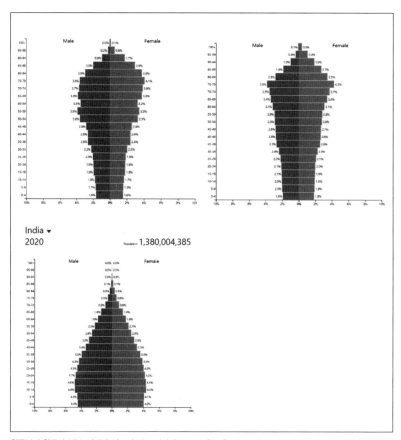

India ▾
2020   Population 1,380,004,385

왼쪽부터 한국과 일본, 아래에 인도의 인구 피라미드 구조. 한국은 일본보다 더 빠르게 초고령사회로 접어들고 있는 반면 인도는 종모양으로 젊은 경제활동 인구가 넘쳐난다. 한국과 일본이 저인구로 저성장·저물가·저금리를 겪겠지만 인도는 다이나믹한 성장을 이뤄갈 것으로 전망된다. 삼성전자 현대자동차의 인도 투자가 늘어나는 것은 당연한 결과다.

자료:www.populationpyramid.net

한국 정부는 빚을 계속 늘려도 될까?
'위험한 도박'

중급

한국 정부의 재정 건전성은 상당히 좋은 편이다. GDP 대비 정부 부채 비율이 한국은 50% 수준으로, 미국 100%, 일본 200%에 비하면 매우 낮은 수준이다. 그래서 일부는 한국이 재정 적자를 더 늘려서, 즉 정부가 더 빚을 더 내서-다른말로 적자 국채 발행을 더 늘려서-더 많은 정부 투자를 해야 된다고 주장한다. 그러나 이는 매우 위험한 도박일 수 있다. 먼저 코로나로 인해 한국 정부의 재정 건전성은 이미 빠른 속도로 악화됐다. 5년 전인 2016년 한국 정부 부채는 GDP 대비 40% 수준이었으나, 2022년 50% 수준까지 올라왔다. 아직은 건전한 수준이지만 빚의 증가 속도가 너무 가파르다.

두 번째 문제는 한국의 초고령화다. 일본 정부는 빚이 많기로 유명하다. 정부 부채가 GDP 대비 200%가 넘는 나라다. 하지만 일본도 처음부터 정부 부채가 많은 나라가 아니었다. 1980년대만 해도 일본 정부의 부채는 한국과 비슷한 수준이었다. 그러나 일본이 2010년부터 인구가 감소하고 초고령사회로 접어들기 시작하면서, 저인구로 인한 저성장-저금리-저물가가 이어졌다. 물론 고령사회로 접어들면서 노령인구 부양에 대한 부담감이 높아지고, 연금·건강보험 지출은 많아지는 구조가 되며 정부의 부담이 급속히 늘어나게 되었다.

한국도 일본과 10년 격차를 두고서 인구가 감소하기 시작했고, 이미

흔들리지 않는 투자를 위한 경제지표9

고령사회로 접어들었고 일본보다 더 빠르게 초고령사회로 접어들고 있다. 저인구로 저성장이 이어지며 세금 수입은 감소하는 반면 연금·보험 등 한국 정부가 져야 될 재정 부담은 고령인구가 늘어날수록 빠르게 증가할 가능성이 높다. 그래서 자금 재정을 잘 관리하지 않고 적자 국채 발행을 늘리면, 한국이 빠르게 고령사회로 접어들면서 발생하는 사회적 비용을 정부가 감당할 여력이 낮아진다. 재정 건전성에 대해서 좀 더 주의를 기울이고, 앞으로 고령사회에서 지불해야 할 비용을 고려한다면 신중하게 정부 부채를 관리해야 한다.

CASE STUDY

국민연금이 고갈되면 연금 못 받는다?

2050년쯤 국민연금이 고갈된다는 뉴스를 자주 접하게 된다. 한국의 인구 피라미드 구조는 연금 고갈을 빠르게 가져올 수밖에 없다. 그러나 연금 고갈이 된다고 해서 연금을 못 받는 것은 아니다. 이미 유럽에서도 그런 사례들이 나타나고 있지만 연금은 지급되고 있다. 이를 '교부방식'이라고 하는데, 연금의 미래에 대해 두 가지를 살펴보자.

첫 번째는 연금에 대한 개혁이 앞으로 계속 이루어질 것으로 전망된다. 즉 더 많이 내고 덜 받는 구조가 될 것이다. 인구 수명이 전체적으로 증가하면서, 연금 받을 사람은 늘어나고 저출산으로 연금을 내줄 젊은 세대는 감소하기 때문에, 동해에서 대규모 유전이나 니켈광산이라도 발견되지 않는다면 연금개혁은 불가피하다.

　두 번째는 연금이 고갈된다면 정부가 교부방식으로 연금을 지급하게 된다. 연금을 납부자에게 받아서 바로 연금을 주게 된다. 연금이 쌓여서 이자수익으로 재원을 늘려가야 하는데, 걷자마자 바로 주면 젊은 세대의 부담이 크게 증가한다. 다만 연금이 고갈된다고 해서 못 받는 일은 없다. 그러나 젊은 세대의 연금에 대한 기여분이 지금보다 두 배, 세 배 이상 늘어날 가능성이 명확하다. 즉 젊은 세대가 소득의 20%를 연금으로 낸다면, 연금이 고갈되는 상황에서는 30~50%까지 높아지게 된다. 따라서 가처분 소득이 줄어들며 경제성장률은 더욱 떨어질 가능성이 높다. 따라서 국민연금에 대한 개혁은 지금 불가피한 선택이고, 연금이 고갈되는 시대에 대비해서 정부 빚을 너무 빠르게 늘리지 않는 노력이 필요하다.

자료 사이트

- **세계 GDP 성장 추이**
  월드데이터 https://ourworldindata.org/economic-growth
- **중국 경제성장추이**
  월드뱅크 https://data.worldbank.org/indicator/NY.GDP.MKTP.KD.ZG?end=2019&locations=CN&start=1997&view=chart
- **국가 지수 ETF**
  코덱스 http://www.kodex.com/product.do
- **각국 인구 피라미드**
  월드파퓰레이션 피라미드 https://www.populationpyramid.net

9장

세계 경제는 '구리', 중국 경제는 '철광석'이 말한다

1

원자재와 중국 경제는 불가분이다

지금까지 경기, 금리, 인플레이션, 환율, 경제성장 등 거시경제와 한국의 주식시장 등 구체적 시장에 대해서 살펴보았다. 이번 챕터에서는 원자재와 중국에 대해서 자세히 알아보려고 한다. 원자재는 세계 경제를 이해하는 데 중요한 영역이면서 동시에 중국 경제와도 매우 밀접하게 연결되어 있다. 원자재를 통해 글로벌 경제 사이클을 이해해보자. 그리고 중국 경제를 이해하는 중요한 틀을 익히도록 한다. 키워드는 원자재와 중국이고 주요한 원자재는 구리와 철광석이다.

2

글로벌 경기 바로미터, '닥터 카퍼'와 전기차

경기가 좋으면 구리 가격은 올라간다

원자재 시장에서 가장 중요한 하나를 꼽으라면 당연히 원유다. 원유는 가장 중요한 에너지원이기도 하면서, 세계 거시경제에 미치는 영향이 막대하기 때문이다. 다음으로 금속 원자재를 꼽는다면, 구리다. 구리는 '닥터 카퍼Doctor Copper'로도 알려져 있다. 구리 가격이 경제 상황을 잘 보여주기 때문이다. 구리는 원유나 금보다 정치적 영향을 덜 받고, 건설·자동차·전기·해운 등 산업 전반에 널리 쓰인다. 전기가 있는 곳에는 구리가 있고 전기가 없는 곳이 거의 없으니, 구리가 안쓰이는 곳도 거의 없다 해도 과언이 아니다.

구리 가격은 경기 변동에 민감하게 반응한다. 따라서 구리 가격에

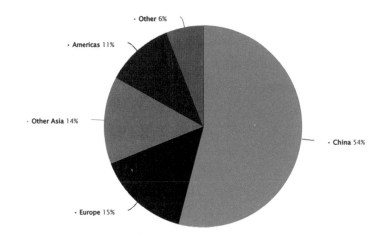

국가별 구리 소비 비중. 글로벌 구리 소비의 54%는 '세계의 공장' 중국이 차지한다.　　　자료:스타티스카

따라 경기 회복과 둔화를 파악할 수 있다. 구리 수요가 늘어 가격이 상승하면 경기 상승을, 구리 가격이 하락하면 경기 하강을 예측한다. 2000년 버블위기, 2008년 금융위기 때에도 구리 가격은 급락했다.

　구리의 주요 생산지는 페루·칠레 같은 남미국가들이고, 주요 소비 국가는 중국이다. 만일 우크라이나-러시아 전쟁 같은 이벤트로 물가가 급등하면, 타격을 많이 받는 페루 등 남미국가들의 정치가 불안정해지고 구리 생산에 악영향을 미칠 수 있다. 중국은 '세계의 공장'으로 글로벌 원자재 소비의 50% 정도를 차지한다. 원자재와 중국은 뗄 수 없는 관계인데 구리는 더욱 그렇다.

　다음 그래프를 보면 2000년대 초반 0.5달러였던 구리는 브릭스의 등장, 이머징의 성장, 중국의 강력한 성장과 함께, 2008년에는 8배 급

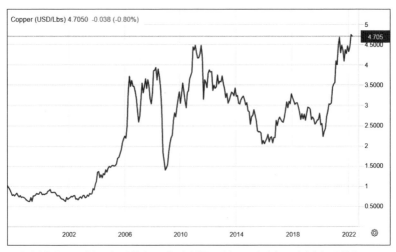

Copper (USD/Lbs) 4.7050 -0.038 (-0.80%)

구리 가격 추이. 2000년대 브릭스와 함께 급등 후 안정세를 보이다, 코로나 사태로 4달러까지 급등했다.

자료 : 트레이딩이코노믹스

등한 4달러까지 상승한다. 이후 공급 안정화로 내려가던 구리 가격은 코로나를 계기로 다시 4달러까지 급격하게 오른다. 이때의 상승은 수요 공급에 의한 것보다는, '코로나 버블'로 상승한 셈이다. 즉 전반적인 인플레이션의 상승과 함께 구리도 가격이 올랐다.

전기차는 구리 없이 못간다:
전기차 시대는 구리의 시대

구리와 관련된 큰 이슈는 전기차다. 전기차 보급이 늘어날수록 구리 수요는 증가할 것으로 예상된다. 내연기관 자동차의 주원료는 80%가

철이다. 반면 전기차는 전기가 에너지원이기 때문에, 구리의 비중이 크게 증가한다. 연구에 따르면 내연기관 차량은 평균적으로 구리를 25kg 정도 사용하는 반면, 전기차는 평균 약 90kg 정도 사용한다. 현재 전기차의 비중이 글로벌시장 10% 미만으로 낮지만, 빠르게 점유율을 높일 것으로 예상된다. 영국·독일 등 유럽은 2030년 모든 내연기관차의 판매를 중단하는 것을 목표로 하고 있고, 중국도 공격적으로 전기차 보급을 늘리기 때문이다. 전기차 사용이 크게 증가하면서 구리에 대한 수요도 지금보다 훨씬 더 높은 수준으로 늘어날 것을 예상할 수 있다.

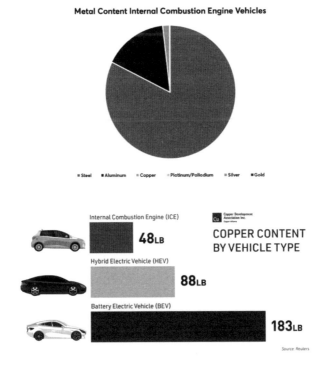

전기차의 구리 사용량. 기존 내연차에 비해 전기차는 구리 사용이 4배 수준으로 늘어난다.   자료 : 로이터

3 중국 경제의 바로미터, 철과 철광석

철과 철광석의 나라 중국

　우리는 여전히 철기시대에 살고 있다. 철과 그 원료인 철광석은 그래서 가장 중요한 원자재 중 하나다. 중국은 철의 나라이자 철광석의 나라라고 할 수 있다. 중국은 세계에서 생산되는 철 절반 이상을 생산하고 소비하기 때문이다. 그래서 호주와 브라질에서 주로 생산하는 철광석 상당량을 중국이 수입한다. 따라서 철광석과 철의 가격은 중국의 수요와 공급에 의해 좌지우지되는 경우가 많다.

　다음 표는 2022년 2월 기준으로 전 세계 철 생산국가 상위 10곳을 순서대로 보여주고 있다. 중국이 압도적으로 가장 높고, 뒤를 이어 인도·일본·미국·러시아 순으로 한국은 대략 6위다. 중국의 약 10% 수준의 생산량이다. 철은 건물을 짓고 다리를 놓거나, 자동차와 배를 만드는 등 인프라와 기간산업에 쓰이는 필수 원자재다. 따라서 중국의 철 수요가 많다는 것은 그만큼 인프라를 많이 구축한다는 의미이고, 정부 투자가 많다는 의미다. 따라서 중국 정부가 확장기에 있을 때, 또는 중국 정부가 투자를 많이 하는 경기 부양기에 있을 때, 철 수요가 늘어나고 철광석 가격도 높아지는 경향이 있다. 반대로 중국 정부가 경기 부양보다는 긴축을 하거나 부동산 투자를 제한하거나 하면, 철과 철광석 가격은 상당히 하락하는 추이를 보인다.

여기서 중요한 포인트는 철과 철광석 가격을 통해서 중국 정부의 경기 부양이나 긴축이라는 방향성을 예측할 수 있다는 것이다. 그리고 반대로 중국 정부가 부양을 하게 되면 철광석이나 철의 가격은 높아지게 되고, 반대로 긴축을 하게 되면 철과 철광석 가격은 내려가는 관계에 있다는 것도 중요하다.

Table 2. Top 10 steel-producing countries				
	Feb 2022 (Mt)	% change Feb 22/21	Jan-Feb 2022 (Mt)	% change Jan-Feb 22/21
China	75.0 e	-10.0	158.0	-10.0
India	10.1	7.6	20.9	6.6
Japan	7.3	-2.3	15.1	-2.2
United States	6.4	1.4	13.4	0.6
Russia	5.8 e	-1.4	12.4	1.0
South Korea	5.2	-6.0	11.2	-2.6
Germany	3.2	3.8	6.5	1.1
Turkey	3.0	-3.3	6.1	-5.7
Brazil	2.7	-6.9	5.6	-5.8

전 세계 철 생산국가 순위. 중국이 압도적으로 1위로 전체 생산량의 50%가 넘는다. 한국에 비해 10배 이상 많은 철을 생산한다.　　　　　　　　　　　　　　　　　　　　　자료 : 월드스틸

철광석 220$는 지속 가능하지 않다

철의 주원료인 철광석 가격은 중국 정부에도 중요하다. 그래서 중국 정부도 철광석의 공급과 수요, 그리고 철광석 가격을 안정적으로 유지하기 위해서 시장에 직접 개입하기도 한다. 2021~2022년에는 그런 사례가 몇 번이고 반복됐다. 철광석 가격이 코로나로 인해 100달러에서 220달러까지 두 배 이상 급등했기 때문이다. 철광석 가격이 오르면 철의 가격도 오르고, 그러면 중국 정부가 가장 두려워하는 인플레이션이 발생하기 때문이다. 코로나로 인해 철광석의 주요 산지인 호주·브라질에서 철의 생산이 원활하지 못했고, 글로벌 물류가 지연되면서 생산된 철광석이 중국으로 이동하는 데 제한이 많았다. 수요 공급이 어긋나면서 철강 가격이 일시적으로 200달러 이상으로 올라갔지만, 코로나가 진정되고 철광석 가격도 다시 100달러대로 급하게 내려오는 현상을 보았다.

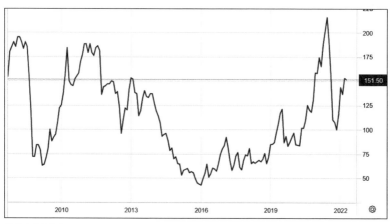

철광석 가격 추이   자료 : 트레이딩이코노믹스

혼들리지 않는 투자를 위한 경제지표9

코로나 사태나 전쟁 같은 외부 이벤트가 마무리되고 수요 공급에 의해서 가격이 정해진다면, 철광석은 100달러 내외의 안정적인 가격이 전망된다. 그리고 중국 정부가 경기 부양을 하면 철광석과 가격은 오르고, 반대로 중국 정부가 긴축 또는 구조조정을 하면 가격은 내려가는 패턴을 보일 것이다. 2022년 중국 정부는 구조조정을 기본 방향으로 삼고 있다. 따라서 철광석 가격이 다시 220달러로 올라갈 가능성은 낮다고 판단한다.

중국 경제를 지배하는
시 주석과 철광석

중국 경제는 공산당이 중심이 되는 '국가자본주의' 다. 따라서 공산당이 정책을 정하면, 그것을 시장에서 실현하는 구조를 가지고 있다. 그러므로 중국 경제를 이해하는 데 가장 중요한 것은 정부의 정책 방향을 이해하는 것이다. 중국 정부가 긴축으로 가느냐, 부양으로 가느냐에 따라 경기도 증시도 완전히 달라진다.

중국을 이해하는 데 있어서 중요한 두 가지 석이 있다고 한다. 하나는 시진핑 주석을 의미하는 '시 주석'이고 또 다른 하나는 철광석이다. 중국 경제는 시진핑 주석의 정책 방향에 따라 결정되고, 철광석 가격은 중국 경제의 방향에 따라 변하기 때문이다. 그래서 철광석은 중국 경제의 척도로 볼 수 있다.

중국 정부는 매년 3월 전국인민대표회의_{전인대}를 통해 그해의 경제 정책 방향과 목표를 제시한다. 경제성장률과 재정적자와 고용, 실업률, 인플레상승률, 통화증가율 등 주요 거시경제 목표를 발표하고 이를 실현하도록 정책을 펼쳐나가기 때문에, 우리가 중국 경제를 이해할 때 가장 기본적인 것은 중국 전인대에서 발표되는 중국 경제 정책들을 이해하는 것이다.

경제성장률을 높게 잡고 재정 적자 폭을 더 늘리고, 고용을 더 높게 잡고 실업률은 낮게 잡고, 인플레이션 상승률을 높게 잡고 통화 증가율도 늘린다면, 그해 중국 정부의 방침은 경기 부양을 의미하는 것이고 이는 중국 증시에도 좋다.

반대로 이런 수치들을 낮게 잡았을 때는 중국 정부가 구조조정 즉 긴축으로 방향을 잡은 것이기 때문에, 경기도 중국 증시도 좋기 어렵다. 따라서 중국 경제에 투자를 결정할 때, 증시에 투자할 때는 중국 정부의 경제 정책이 긴축인지 부양인지를 먼저 판단하는 것이 중요하다. 2022년 중국 정부의 방향은 '공동 부유'로 표현되는 질적 성장, 구조조

항목	2022년 목표	2021년		2020년	
		목표	실적	목표	실적
경제 성장률	5.5% 내외	6.0% 이상	8.1	미제시	2.3
GDP대비 재정적자	2.8	3.2% 내외	4.4	3.6% 이상	6.5
도시 신규고용(만명)	1,100	1,100	1,269	900	1,186
도시등록실업률	5.5% 미만	5.5% 전후	4.0	5.5% 전후	4.2
CPI 상승률	3.0	3% 내외	0.9	3.5%	2.5
M2 증가율	합리적으로 운용	합리적으로 운용	9.0	크게 증가	10.3

자료: 중국 국무원, CEIC, Bloomberg

정이기 때문에 부양을 하는 해로 보기 어렵다. 따라서 2022년은 중국 증시에 투자하기 좋은 해가 아니라는 단순한 결론이 나온다. 중국 증시에 대한 2022년 투자 전략은 케이스 스터디에서 살펴보자.

C A S E   S T U D Y

2022~2023년 중국 투자전략

▼

2022년 중국은 투자하기 좋은 나라일까? 결론부터 말하자면, 중립 이하로 판단할 수 있다. 중국 국무원이 전인대에서 발표한 2022년 중국 경제의 목표를 보면 그렇다. 구체적인 항목은 이렇다. 재정적자는 GDP 대비 2.8%로, 작년 3.2%에 비해서 낮다. 즉 정부의 투자가 2021년이나 2020년보다도 줄어든다. 도시 신규고용 목표는 1,100만 명으로 작년과 비슷하고, 도시 실업률도 5.5% 미만으로 역시 비슷한 수준이다. 인플레이션 CPI 상승률은 3%로 잡고 있다. 통화증가율에 대해서는 합리적 운용이라는 기준만 제공하고 있다. 2020년 크게 증가한 것에 비해 훨씬 더 낮아진 수치이다.

여러 기준으로 봤을 때 이런 숫자들이 의미하는 바는, 중국 정부가 2022년 구조조정으로 방향을 정한 것으로 이해할 수 있다. 통화 증가도 이전보다 낮추고 인플레이션 상승률도 최대한 억제하면서 '공동 보유'를 이루겠다는 것이 주목표다. 따라서 중국 위안은 강세일 가능성이 높다. 인플레이션 억제에 유리하기 때문이다.

다만 경제성장률을 5.5% 내외로 잡고 있다. 2021년 6% GDP 성장에 비해서 소폭 낮아진 수치지만, 실제로는 매우 높은 목표치다. 2021년 중국 4분기 성장률이 4% 미만이었음을 감안할 때, 2022년은 비슷한 수준의 성장이 자연스러운 흐름이기 때문이다. 5.5%의 경제성장률은 상당히 높은 편이다. 이 수치를 통해서 우리는 투자 방향을 결정할 수 있다. 즉 전반적인 기조는 구조조정인데, 경제성장률 목표는 상당히 높게 잡은 편이다.

그래서 우리가 내릴 수 있는 결론은 중국 경제의 전반적인 구조조정으로 인해서 2022년은 투자가 어렵다는 것이다. 그러나 경제가 어려워져도 경제성장률 5.5% 달성을 위해 정부가 최소한의 지원을 할 것으로 예상된다. 그러므로 올바른 대응은 중국 경기, 증시가 아주 안 좋아졌을 때 저가매수 전략이다. 특이한 포인트는 올해 11월에 중국 시진핑 주석의 3연임을 결정하는 공산당 전당대회가 있다. 이를 위해 중국 정부는 부양을 아끼다가, 하반기에 더 투자를 늘리고 경기 부양에 나설 것으로 기대한다. 그래서 '상저하고'_{上低下高, 상반기에는 저조하고 하반기에 고조되는 것} 흐름이 기대된다. 그럼 2023년은 어떻게 투자하는 것이 좋을까? 11월 연임을 확정하고 집권 3기를 시작하는 시 주석은 더욱 구조조정의 고삐를 조여 장기 성장의 기틀을 마련할 것이므로, 2023년 중국 투자는 최대한 보수적으로 접근하기를 권하고 싶다.

원자재 ETF, ETN투자

　원자재에 투자하는 가장 대중적인 방법은 ETF, ETN을 거래하는 것이다. 원유·구리·금·은·밀·콩 등 거의 모든 원자재의 ETF나 ETN이 한국과 미국 증권시장에 상장되어 있다. 원자재 가격이 오르면 ETF 가격이 오르지만, 반대로 가는 인버스 상품도 있고 2배로 움직이는 2배 레버리지나 인버스 상품도 있다. 몇 개 대표적인 상품들을 소개한다.

WTI원유 선물 ETN(H)	금 커버드콜 타겟 5%인컴 ETN(H)
아연선물 ETB(H)	알루미늄 선물 ETN(H)
니켈선물ETN(H)	밀 선물 ETN(H)
인버스 아연선물 ETN(H)	천연가스 선물 ETN(H)
2X 아연선물 ETN(H)	2X 철광석 선물 ETN(H)
인버스 니켈선물 ETN(H)	인버스 알루미늄 선물 ETN(H)
2X 니켈선물 ETN(H)	인버스 천연가스 선물 ETN(H)
철광석 선물 ETN(H)	2X 알루미늄 선물 ETN(H)
인버스 철광석 선물 ETN(H)	인버스 2X 알루미늄 선물 ETN(H)

자료 사이트

- **구리 소비량**
  스타티스타 https://www.statista.com/statistics/693466/distribution-of-global-refined-copper-consumption-by-region

- **철 생산량**
  월드스틸협회 https://worldsteel.org/media-centre/press-releases/2022/february-2022-crude-steel-production

- **구리와 전기차**
  로이터 https://www.reuters.com/article/sponsored/copper-electric-vehicle

- **중국 전인대 정책**
  국제금융센터 https://www.kcif.or.kr/front/board/reportView.do#

- **철광석 가격**
  트레이딩이코노믹스 https://tradingeconomics.com/commodity/iron-ore

10장

· 보 너 스 ·

기업 주가의 핵심은
'영업이익'

1

주가는 개, 이익은 주인

기업의 주가를 결정하는 요인은 많지만, 가장 본질적인 것은 기업의 실적이다. 기업이 성장하고 이익이 증가하면, 기업 가치는 높아지고 주가는 이와 함께 상승한다.

유럽의 투자 대가 앙드레 코스톨라니는 주가를 주인과 함께 산책하는 개에 비유했다. 산책하는 개는 주인의 앞과 뒤를 오가면서 가기 때문에, 산책 거리가 주인보다 5배나 많다고 한다. 주가는 개처럼 주인보다 앞서거나 뒤서거나 하면서 가기 때문에, 여러 변동성을 나타낸다. 그러나 이 개는 주인에게서 벗어날 수가 없다. 결국 주인이 움직이는 방향으로 같이 움직이게 된다.

여기서 주인은 기업의 성장·실적·이익을 의미하고, 개는 주가를 의미한다. 코스톨라니의 비유처럼 주가는 변동성이 높다. 개가 주인보다 산책 거리가 5배 많은 것과 같다. 그러나 결국 주인이 움직이는 방향으로 개도 움직인다. 즉 실적이 증가하고 이익이 증가하면 주가도 오르고, 반대로 이익이 감소하고 기업의 성장이 정체되어 가치가 떨어지면 주가도 떨어진다. 이런 원칙에 기반한 투자를 '가치 투자'라고 한다.

2

코스피는
멀티플 10의
박스피

코스피지수?
멀티플 10이 정한다

앞선 챕터에서 한국 코스피지수는 수출금액지수와 유사성이 높다는 것을 확인했다. 이런 큰 방향을 알고 나서 조금 더 구체적으로 코스피지수를 예측할 때 사용할 수 있는 지표가 멀티플 지표다. 더 정확히는 '포워드 어닝Forward earning'이라는 개념이다. 즉 미래 이익 전망이다. 기업의 주가는 기업의 이익을 반영하지만, 여기서 이익은 현재의 이익보다는 미래에 가능한 이익을 의미한다. 현재 주가에는 기업의 현재와 과거 이익이 이미 반영됐고, 미래 주가는 미래 기업 이익을 반영하기 때문이다.

코스피 멀티플은 10이 기준선

멀티플multiple이라는 개념은 기업의 이익 대비 주식의 총 가치가 몇 배인가를 나타내는 것으로, 가장 많이 쓰는 용어가 PER이다. 기업의 이익이 100인데 기업의 주가 가치가 전체 1,000이라면, 멀티플은 10이다. 즉 PER가 10이라는 의미다.

기업의 멀티플이 존재하듯이, 코스피 전체의 멀티플도 존재한다. 코스피에 상장되어 있는 모든 기업들의 이익 추정치와 코스피 전체 기업의 주가 총액을 비교하는 개념으로, 코스피의 멀티플 또는 포워드 어닝 멀티플로 불리는 지표다. 과거 경험상 코스피지수는 대략 멀티플 10 정도의 수준에서 움직였다. 그래서 10보다 높아지기도 하고 10보다 낮아지기도 하지만, 10보다 높아지면 다시 10을 향해 내려오고, 10보다 낮아지면 다시 10을 향해 반등하는 흐름을 보여왔다. 즉 기준선이 10인 셈이다. 다음 그래프에도 잘 나타나 있다. 이런 흐름을 다른 말로 표현한 것이 '박스피'다. 코스피지수 멀티플 10을 기준으로 코스피지수가 오르락 내리락 하는 현상을 보여주는 것이다.

우리가 투자할 기업을 정할 때, 먼저 현재 코스피지수가 적정선인지, 과열인지, 너무 낮은 수준인지 판단하곤 한다. 이때 먼저 코스피의 멀티플을 확인해보면 유용하다. 그래서 코스피 멀티풀이 10보다 현저히 낮다면 주가는 반등할 가능성이 높고, 10보다 훨씬 높은 13~15에 있다면 다시 10으로 내려올 가능성이 높다. 이것은 앞서 살펴본 한국의 수출금액지수가 사이클을 그리며 오르내리는 것과 같은 맥락이다.

혼들리지 않는 투자를 위한 경제지표9

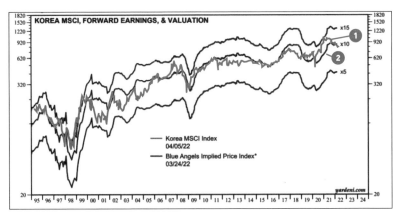

코스피 포워드 어닝. 코스피(①)는 멀티플 10선(②) 기준으로 오르내리기를 반복한다. 　　　　　　　자료:야디니

　　한국 증시에 투자할 때의 순서는, 먼저 한국 수출금액지수를 살피고 나서 코스피지수의 멀티플을 확인하는 것이다. 그리고 개별 기업들의 이익 추이를 확인해 어느 기업에 투자할지 정하는 탑다운 방식이 유용하다. 우리가 시장에 진입하기 좋은 시기와 나쁜 시기를 알려주기 때문이다.

투자가 지속적으로
증가하는 기업에 투자하자

　　주식 투자의 본질은 싼 가격에 주식을 사서 높은 가격에 파는 것이다. 즉 주가가 계속해서 올라갈 수 있는 기업의 주식을 사면 된다. 앞서 주가는 주인과 함께 산책하는 개처럼 주인을 따라 움직인다고 했다. 주가가 올라가는 기업에 투자하려면 기업의 이익이 증가하는 기업에 투자해야 된다. 기업의 이익이 증가하기 위해서는 기업의 투자가 지속적으로 증가해야 한다. 적절한 투자의 증가는 기업의 성장을 가져오고, 기업의 성장은 기업의 가치 증가를 가져온다. 그럼 주가는 장기적으로 오르게 된다. 이것이 워런 버핏이 투자하는 방식이며 누구나 응용할 수 있는 방식이다. 그러나 실제 개인 투자자들이 잘 지키지 않는 원칙이기도 하다.

결국 어떤 기업이 이런 기업인지 찾는 것이 투자의 전부다. 주변에서 찾아보자. 대표적으로 투자를 많이 하고 지속적으로 하는 기업이 삼성전자다. 반도체·가전·핸드폰 그리고 인공지능까지 삼성전자의 투자 금액은 수십 조에 달하기도 하고, 그게 뉴스가 되기도 한다. 이런 기업의 경영 판단이 크게 잘못되지 않았다면, 투자는 결국 성장을 가져오고 기업의 이익 증가를 가져온다. 기업의 이익 증가는 주가의 성장도 가져온다. 다만 주인과 함께 하는 개가 앞서기도 하고 뒤서기도 하는 것처럼, 주가는 오르기도 하고 내리기도 한다. 하지만, 장기적으로는 투자 성과만큼 주가도 같이 성장하게 된다. 미국의 엔비디아, 구글 같은 거대 기업들도 끊임없이 기술 투자, 설비 투자를 하고 있기 때문에 계속 성장하는 것이다.

우리가 어떤 기업이 성장하는지, 투자를 하고 있는지는 기업 관련 뉴스를 검색하거나, 그 기업에 직접 연락을 해서 투자 규모를 파악할 수 있다. 또 공장을 더 짓거나, 인수합병을 하는 등의 투자 결정은 공시로 나오기 때문에, 공시 보고서를 확인해 기업이 어떤 방향으로 얼마만

매출액 279.6 조

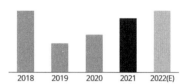

영업이익 51.63 조

당기순이익 39.91 조

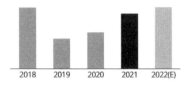

자산 426.62 조

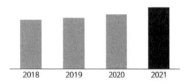

삼성전자 매출·이익 및 자산 증가 추이. 2019년부터 꾸준히 증가하는 삼성전자의 매출과 이익. 그래서 주가도 2021년 최고가로 상승했다. 주가는 물론 변동성이 있지만, 기업의 투자를 따라간다. 　　　　　자료:딥써치

큼의 투자를 하고 있는지 알 수 있다. 금감원 전자공시스템 DART**dart. fss.or.kr**나 딥서치**www.deepsearch.com** 같은 기업 분석 사이트를 이용하면 편리하다.

2021년 전기차, 2022년 DDR5·라면

▼

구체적으로 어떤 섹터와 어떤 기업들이 투자가 증가하는지, 어떤 기업의 주식에 투자가 유망한지 사례를 통해 살펴보기로 하자. 2021년을 돌이켜 보면 그린 에너지의 시대였고, 전기차가 유행했다. 전기차의 핵심은 배터리이기 때문에, 전기차가 많아지면 배터리 수요가 늘고 배터리에 들어가는 부품 수요도 증가하게 된다. 따라서 배터리의 부품을 생산하는 천보 또는 에코프로비엠 같은 기업들은 2021년 수차례의 증설, 즉 투자를 늘렸다. 이렇게 늘어나는 투자와 함께 기업 가치도 증가하게 되고, 기업의 주가도 상상 이상으로 상승하는 것을 우리는 지켜보았다.

다만 한 가지 확인할 것은 개가 주인과 똑같이 가지 않듯, 주가는 때로 주인보다 훨씬 앞서기도 한다. 전기차 수요가 증가하고 앞으로 더욱더 배터리 수요가 증가할 것이라는 기대를, 주가는 실제 투자와 이익보다 훨씬 더 빨리 반영하기도 한다. 이를 '주가의 선반영'이라고도 하는데, 주가가 적정가 이상으로 미리 오르기도 하기 때문에 미래 이익을 어느 정도 반영하고 있는지 확인하는 것은 필수이다. 어쨌든 중요한 포인트는 배터리 기업과 배터리 부품 기업의 투자, 성장, 이익 증가 그리고 이와 이어지는 기업 주가의 상승을 우리는 2021년도에 확인할 수 있었다.

다른 예로, 우리가 2021년도에 중점적으로 투자했던 섹터가 반도체, 특히 DDR5다. DDR4에서 DDR5로의 전환이 2021~2022년 이루어질 것으로 알려졌기 때문에 DDR5에 대한 수요는 증가할 수밖에 없고, DDR5를 담당하는 패키지 기판업체의 투자도 지속적으로 증가할 수밖에 없다. 대표적인 기업으로 심텍이나 대덕전자 등을 꼽을 수 있다. 심텍과 대덕전자 같은 DDR5 패키지 기판업체는 2021~2022년 무려 세 번의 증설을 이루게 된다. 그리고 이러한 증설 투자는 매출과 이익 증가로 2022년 확인됐고, 주가는 두 배 이상 오르는 중이다.

또 다른 섹터는 우리가 주변에서 쉽게 볼 수 있는 라면이다. 중국과 미국으로 라면 수출이 증가하고 국내에서도 수요가 증가하면서, 삼양식품·농심 같은 라면 업체의 설비 투자도 상당히 증가했다. 농심은 미국 현지에 공장을 짓고, 또 삼양라면은 익산·밀양 등의 공장 케파**Capa(city), 생산능력**를 증설하게 된다. 라면 수요가 증가하고 그에 맞춰 투자가 증가하게 되면, 결국 미래에는 매출도 증가하게 되고 기업 이익도 증가하기 때문에, 기업의 주가도 따라서 올라갈 것이라는 것을 우리는 추정할 수 있고 이런 기업들에 지속적으로 투자를 이어갈 수 있겠다.

삼양식품 불닭볶음면을 보자. 중국과 미국에서 매운 라면 수요가 증가하면서, 지속적으로 생산을 증가시키고 있다. 이 라면에 소스를 만드는 에스앤디도 수요 증가에 맞춰 2021년부터 공장을 증설해 왔다. 당연히 투자가 증가하고 이 투자가 적절하게 결과를 가져온다면, 주가도 투자만큼 다시 상승할 수 있음을 우리는 추정할 수 있다.

삼양식품 대덕전자 주가   자료: 네이버

전기차 배터리와 DDR5 패키징, 라면과 스프 기업들을 살펴봤다. 주변에서 수요가 증가하고 있는 상품들이 무엇이 있는가, 그리고 그 상품들을 생산하는 업체가 투자를 지속적으로 늘리고 있는가를 확인할 수 있다면, 결국엔 그 투자만큼 기업의 주가도 상승할 것을 추정할 수 있고, 이런 기업에 투자를 이어간다면 꽤 좋은 성과를 얻을 수 있다. 이것이 전설적인 투자자 피터 린치가 생활에서 힌트를 얻고 장기 가치 투자를 하는 방식이다. 이 원칙을 잘 지킨다면 개인투자자도 투자의 대가처럼 투자할 수 있다.

3 정부정책이 이익과 주가를 결정하기도 한다

📊

투자 격언 중에 정부에 맞서지 말라는 말이 있다. 정부는 재정 정책 또는 산업 정책을 통해서 시장에 매우 강력한 영향력을 미치기 때문에, 정부의 정책에 반대로 가는 방식의 투자는 불리하다는 의미이다. 가계와 기업, 정부라는 세 개의 경제 주체 중에 정부의 역할을 결코 간과해서는 안 된다. 정부 정책에 따라 특정 산업이 매우 빠르게 성장하기도 하고, 또 반대로 억제되기도 하기 때문이다. 정책이 산업이나 기업의 운명을 결정하기도 하고, 동시에 기업의 이익을 결정하기도 하기 때문에 정부 정책은 투자의 좋은 나침반이다.

2017년 탈원전, 한국전력과 두산중공업

▼

    정부 정책이 기업의 매출과 이익에 영향을 미치는 대표적인 사례를 살펴보자. 첫 번째는 에너지와 관련된 정책이다. 2017년 문재인 정부는 탈원전을 기치로 그린 에너지로 전환을 기본 정책으로 삼았다. 2030년까지 '넷 제로'Net zero, 탄소 실질배출량을 '0'으로 만드는 것를 목표로 삼았다. 풍력·태양력 등 재생 에너지 사용을 늘리고 원자력·화력 발전의 비중을 점차 줄여나가겠다는 것이다. 따라서 원자력 발전소 건설과 관련된 기업들의 이익과 주가는 상당히 큰 폭으로, 오랫동안 하락한다. 대표적인 기업이 두산중공업이다. 아래 그림이 나온 것처럼 두산중공업의 주가는 수년 간에 걸쳐서 1/10으로 하락했다.

또 한국전력도 문재인 정부 5년 내내 주가가 하락하는 패턴을 보여준다. 원전 비중을 줄이고 재생에너지 사용을 늘리는 동시에 전기료를 억제하기 때문에, 한국전력의 이익은 지속적으로 감소하게 되고 2022년 1분기에 8조 원 손실을 보는 상황에 이르게 되면서 주가는 상당히 큰 폭의 하락을 기록하게 된다. 만일 새로운 정부 들어서 정책이 바뀌게 된다면, 한국전력의 주가는 또 어떤 모습을 보이게 될까? 이런 것들이 투자의 힌트가 될 수 있겠다.

또 다른 케이스는 반도체 소재·장비·부품 섹터다. 2020년 한일 관계가 악화되면서 일본이 한국으로 반도체 장비 수출을 제재하는 정책을 취하게 된다. 이에 대응하여 한국 정부는 소부장(소재·부품·장비) 산업의 육성을 기치로 내세우고, 소부장 기업에 대한 지원을 확대하게 된다. 그래서 일본 수입이 아닌 국산화에 따라 소부장 기업의 매출과 이익 증가 기대가 높아지고, 국산화에 대한 기대가 높아져 주가도 크게 오르게 된다. 대표적인 수혜 기업이 반도체 소재, 소부장 업체인 동진세미켐이다. 정부의 소부장 육성 정책 수혜를 받은 동진세미켐의 주가는 두 배 가까이 상승하게 된다.

이처럼 정부 정책이 어떤 산업을 육성하고, 또 어떤 산업을 억제하는지 잘 살펴본다면 투자에 있어서 매우 유용한 시그널을 캐치할 수 있다. 2022년 새롭게 시작하는 윤석열 정부는 부동산 문제 해결을 위해 250만호 주택 건설을 공약했다. 정부의 정책이 주택공급이기 때문에 건설 밸류 체인들은 큰 수혜를 이을 가능성이 높다. 대형 건설사, 창호나 가구 등의 인테리어 업체, 시멘트 같은 건자재업체, 페인트 업체 등의 매출과 이익성장을 기대할 수 있고, 이 기업들의 꾸준한 주가 상승도 기대된다.

'유로 택사노미'가 올린 원전기업 주가, 보성파워텍

중급

2022년에 화제가 되었던 '유로 택사노미'로 인해 기업의 주가가 또 크게 변동하는 경우도 있다. 이것은 한 나라의 정책이 아니라, 글로벌한 정책이 기업 주가에 영향을 미치는 사례다. '유로 택사노미'는 유럽이 정한 그린 에너지의 분류 체계다. 즉, 무엇이 그린 에너지인지 정하는 것이다. 2022년 1월에 확정된 유로 택사노미는 천연가스와 원전을 그린 에너지로 분류했다. 이전에는 탈원전을 강하게 추진하는 독일에 의해 원자력은 유럽의 그린 택사노미에서 빠지는 것으로 논의가 되었다. 그러나 원자력 에너지에 주로 의존하는 프랑스의 강력한 지지를 받아,

원자력은 그린 택사노미로 분류된다. 즉 원자력에 대한 여러 가지 금융 지원 등이 가능하게 된 셈이다. 이에 따라 원자력과 관련된 기업들의 매출과 이익 증대가 기대되고, 주가도 크게 반등하는 일이 발생한다.

원자력 사업을 하는 보성파워텍이 좋은 케이스다. 유럽에서 원자력이 유로 택사노미에 포함됐다는 결정, 국내에서 2022년 정권이 교체되며 새 정부가 탈원전이 아닌, 원전 육성 정책을 결정함에 따라 보성파워텍 같은 원자력 기업들의 주가는 상당히 크게 상승했다.

자료 사이트

- **코스피 포워드 멀티플**
  야디니 https://www.yardeni.com/pub/int-mscifk.pdf
- **공시**
  금감원 전자공시 시스템 https://dart.fss.or.kr
- **기업분석**
  딥써치 https://www.deepsearch.com

11장

2022년 투자 전략:
긴축의 시간

1 2022년 투자 전략: '긴축의 시간'

변수와 프레임워크의 실제 사용

이번 장에서 지금까지 익힌 변수와 프레임워크를 실전투자에 적용해 2022~2023년 투자 전략을 세워보자. 먼저 변수와 프레임워크를 어떻게 적용하는지 다시 한번 확인하고, 개별 변수를 적용해 2022~2023년 전략을 구체적으로 정리한다.

사이클이라는 프레임워크의 원리

1장에서 우리는 프레임워크 제1 원리로 '경제는 사이클이다'를 익혔다. 실물경기, 생산, 소비, 제조업, 서비스업, 수출, 물가, 통화정책은 모두 순환하는 사이클을 갖는다. 서로 다른 사이클 주기를 가질 뿐이다. 경제에서 사이클은 불가피하다. 왜냐하면 인간은 1)이익을 극대화를 추구하고 2)(모방본능에 따라) 떼지어 다니기 또는 몰려다님herding의 속성을 갖고 있기 때문이다. '어디가 유망하다', '누군가 돈을 벌었다' 하는 소리를 들으면 대중은 모두 그곳으로 떼를 지어 몰려가고, 이익을 극대화하려고 한다. 이런 이익 극대화와 몰려다님의 속성은 필연적으로 가격 급등을 가져오고, 이를 '버블'이라고 말한다. 그리고 과장된 가격은 오래 가지 못하고 터지고 만다. 이를 버블의 붕괴라고 한다. 그리고 다시 침체를 겪는다.

2022년 많은 주식투자자들은 이를 실제로 경험했다. 2021년 삼성전자와 카카오, 네이버, sk바이오사이언스, 카카오페이 등의 주식 종목들에 대중의 관심이 몰렸고 가격은 급등했다. 이어 버블은 터졌고 다시 침체기를 겪고 있다. 침체기를 겪을 때에도 1)공포의 극대화와 2)몰려다님은 다시 작동되는데, 이때는 모두 팔려고 하기 때문에 이런 주식들의 가격 버블은 꺼지게 된다. 그러나 다시 사이클은 돌고 돌아 다시 2~3년 후에는 정상 가격으로 회귀하게 된다.

가장 먼저 적용되는 원리는 사이클이다. 제조업은 대략 4년 사이클을 갖는다. 2년 정도 좋다가 2년 정도 나빠지는 사이클이다. 제조업의 핵심 산업인 반도체도 4년 사이클을 따른다. 한국은 제조업, 반도체 중심 국가이므로 한국의 코스피도 대략 4년 주기를 반복한다고 생각해도

혼들리지 않는 투자를 위한 경제지표9

좋다. 글로벌 경기는 대략 10년 사이클을 갖고 있다고 우리는 확인했다. 모든 것은 사이클이다. 무엇인가 투자할 때 지금 어느 사이클에 와 있는지 확인하는 것이 출발점이다.

금융 사이클과 실물 사이클

주식시장을 중심으로 살펴보자. 한국 주식시장을 지배하는 두 가지 큰 사이클이 있다. 첫 번째는 금융 사이클, 즉 매크로(거시경제) 사이클이다. 이는 미국 중심이고, 연준이 정한다. 즉 연준의 통화정책이 완화적이면 주가가 오르는 사이클, 통화정책이 긴축적이면 주가가 내려가는 사이클이다. 금융 사이클과 관련된 우리 9가지 변수는 1)장단기금리차 2)테일러룰 3)미국 실질금리가 핵심이다.

두 번째는 실물 사이클이다. 이는 경기 사이클이라고도 하고 제조업 사이클, 소비 사이클로도 볼 수 있다. 경기 사이클은 기업들이 많이 생산하고 많이 판매하면 올라가고, 반대면 내려오는 사이클이다. 이와 관련된 변수들이 1)수출금액지수, 2)중국 위안, 3)구리&철광석 가격, 4)기업의 영업이익이다. 유가와 인플레이션은 금융과 실물 사이클 모두에 영향을 미치는 변수다.

사이클의 적용

이제 실제 시장을 분석하고 투자 전략을 세워보자. 9가지 변수 중 가장 핵심적인 변수를 2개만 남기라면 1)제조 사이클은 수출금액지수, 2)금융 사이클은 테일러룰 또는 실질금리다. 이 2가지만 정확하게 적용해도 2~4년 투자 사이클을 내다볼 수 있다. 앞서 한국 주식은 살 때가 정해져 있다고 했다. 한국은 제조업 중심 국가이고 반도체 수출 중심의 경제이기 때문에, 반도체 및 제조업 사이클이 바닥일 때 사고, 가장 높을 때 팔면 편안하다. 그것을 수출금액지수로 적용해보면, 수출금액지수의 전년동기대비 증가율이 가장 낮을 때 팔고, 가장 높을 때 사면 대체로 이익이 크다.

따라서 한국 코스피, 한국 주식에 투자한다면 가장 먼저 봐야 하는 것이 한국 수출금액지수다. 앞서 살펴본 대로 한국 수출금액지수는 2021년 여름을 기점으로 하향 중이다. 그리고 2022년 2분기에는 원가 상승으로 인해 무역수지 적자를 기록하고 있다. 이럴 때 코스피가 좋을 수는 없다. 이때는 인내하고 제조업 사이클이 바닥으로 가기를 기다려야 하는 때다. 이때 외국인들은 한국 주식을 기계적으로 매도하고 한국 주식은 사지도 않는다. 그리고 달러/원 환율은 높아진다. 변수를 최소화하기 위해서 책에는 싣지 않았지만 글로벌 제조업 사이클 변수도 주목할 필요가 있다(저자가 운영하는 하이엠 카페에서는 거의 매일 다루고 있는 변수다). 반도체 사이클과 유사하고, 한국 수출금액지수와도 비슷하다. 당연히 코스피와 큰 흐름은 비슷하다.

제조업 사이클과 함께 보는 것이 중국 위안과 구리, 그리고 철광석 가격이다. 글로벌 제조업 사이클이 상향 사이클일 때 위안은 대체로 강하고, 구리와 철광석 가격도 높다. 전기 제품을 많이 만들고 있고 건설도 많이 하고 있어, 구리와 철 수요가 많기 때문이다. 이때는 중국도 경기가 좋고, 중국 경기와 밀접히 연결된 한국 역시 경기도 좋고 주가도 좋다고 판단할 수 있다.

지금까지 제조업 사이클을 보았고 이제 금융 사이클을 다뤄보자. 개인적으로 수출금액지수만큼 중요한 변수는 미국의 실질금리와 테일러 룰의 가이드 금리라고 생각한다(실제로 이 둘을 지배하는 변수가 있지만, 개념이기 때문에 넣지 않았다). 2008년 리먼 사태 이후 연준의 QE 때문에 글로벌 시장은 연준이 지배하는 금융장세가 되어버렸다. 아무리 경기가 좋아도 연준이 돈을 거둬가면 주식시장은 어렵고, 아무리 경기가 어려워도 코로나 때처럼 연준이 돈을 엄청나게 풀면 주식시장은 좋아진다. 따라서 제조업 사이클보다 우선적으로 확인해야 하는 변수가 금융 사이클이다.

먼저 미국 실질금리를 보자. 미국 실질금리가 마이너스라면 안심하고 투자에 임해도 큰 변고는 없다. 그러나 이때 테일러 룰이 가리키는 금리와 기준금리 사이의 괴리가 크다면 이제는 마음의 준비를 해야 한다. '조만간 연준이 금리를 인상하겠구나, 이제 시장을 떠나야겠구나'라는 준비다. 실제 2022년 2분기에 실질금리가 플러스로 돌아섰고 테일러 룰은 9%의 기준금리를 가리키고 있다. 이런 상황이면서 동시에 유가는 100$를 넘어서고 있다. 인플레이션이 매우 강하다는 의미다. 연준이 금리를 올리면서 긴축을 강하게 할 수밖에 없는 환경이다. 그래서 2022년은 긴축의 시간이고 자산시장은 정상화, 즉 하락하는 시기라는 결론에 도달한다.

더블 사이클 다운

앞서 실제 적용에서 금융 사이클을 먼저 보고, 한국의 제조업 사이클을 보면서 경제를 분석하고 투자를 판단한다고 했다. 그런데 두 개의 사이클이 방향이 같을 때도 있지만 서로 다를 때도 있다. 이때 더 큰 무게를 두고 볼 것은 금융 사이클이다. 한국 수출이 아무리 좋고 제조업 경기가 좋아도 미국 중심의 금융 사이클이 하향이면, 즉 연준이 긴축을 하면 투자 환경은 중립 이하일 수밖에 없다. 그런데 만일 두 개가 상향 또는 하향의 같은 방향을 가지면 상승과 하락의 폭도 크다.

예를 들어 2022년은 금융 사이클도, 제조업 사이클도 하향인 국면이다. 따라서 주식시장 등 자산시장은 매우 큰 하락을 겪는 것이 정상이다. 반대로 2020~2021년은 코로나 골디락스로 수요가 증가하면서, 제조업 사이클도 상승 사이클인데 연준도 계속해서 돈을 푸는 '더블 사이클 업'(금융 제조 사이클 모두 상향) 환경이었다. 거의 모든 주식과 원자재, 부동산 가격이 올라가는 것이 자연스럽다.

현재는 금융 사이클도 하향이고, 제조업 사이클도 하향이라고 했다. 금융 사이클은 코로나 동안에 풀린 자금을 회수하는 데 최소 1~3년 정도를 예상하고, 제조업 사이클은 바닥을 향해 가는 데 최소 6개월에서 1년이 소요될 것으로 전망한다. 그렇다면 더블 사이클 다운인 동안에는 주식시장, 부동산시장, 원자재시장이 크게 상승하기 어렵다는 추론이 가능해진다.

엄청난 위기가 오는가

금융 사이클과 제조업 사이클을 적용해보니 2022년은 '더블 사이클 다운' 상황이다. 이때 우리가 주목해야 하는 변수는 일본 엔과 중국 위안이다. 하락을 넘어서 대폭락, 글로벌 위기로 가는 징후가 있는지를 보기 위함이다. 일본 엔이 현격하게 강해지거나 중국 위안이 7위안 이상으로 약해진다면 극단적으로 투자를 줄여서 리스크를 낮춰야 한다. 위기 가능성이 높기 때문이다. 동시에 유가가 130달러를 넘는지도 함께 모니터링한다. 유가가 130달러를 넘는다면 글로벌 제조업의 하향 사이클이 깊어지고, 기업이익이 더 감소할 것이기 때문이다.

예외 상황

주요 변수를 적용하고, 금융 사이클과 제조업 사이클을 적용한 프레임워크를 활용해도 답이 없는 경우가 있다. 2022년 3월 발생한 우크라이나 러시아 전쟁과 같은 케이스다. 이런 경우에는 일반 모델이 적용이 어렵다. 모든 변수가 엉키기 때문이다. 이때는 예외적으로 처리해야 한다. 변수가 작동하지 않고, 프레임워크가 활용될 수 없는 구간에는 투자를 줄여 리스크를 줄여야 한다. 2022년 전쟁 때문에 원유, 천연가스, 유연탄 가격 등이 급등하고 금이 상대적으로 강한 상황인데 이럴 때는 우리가 살펴본 9가지 변수와 프레임워크로 전망이 불가능하다. 다만 전쟁이 끝난다면 지금의 원자재 버블은 주식시장보다 더 강하게 터질 것으로 프레임워크를 통해서 추론 가능하다.

실용. 예측. 투자

공부는 실용적이어야 한다. 현실에 바로 적용할 수 있을 때 힘이 생기고, 적용해본 케이스가 많아질수록 실력도 쌓여간다. AI도 유효한 데이터가 많을수록 예측력이 높아진다. 그래서 의료업계에서는 흔히 하는 말로 '임상이 깡패다'라고 한다. 핵심 변수와 프레임워크로 매일 일어나는 경제 현상을 해석해보고, 실전 투자에도 적극적으로 적용해보자. 그것이 내공을 쌓아가는 가장 빠르고 정확한 길이다.

이번 장에서는 지금까지 배운 내용을 토대로, 2022년 투자 전략을 세워보자. 세부적인 사항까지 모두 분석할 수는 없겠지만, 투자의 큰 방향에 대해서는 충분히 결정할 수 있다. 우선 9가지 항목에 대한 변수와 변수의 방향을 정리해보고, 매직 경제 프레임워크를 2022년에 적용해보자. 그럼 올해 주식을 더 사야하는지, 삼성전자는 언제 '10만 전자'가 될지, 부동산이 오를지, 미국 주식이 오를지, 중국과 인도 중 어디에 투자하는 것이 나을지, 인플레이션은 계속될지(2022년 6월 기준)등에 대한 큰 방향을 판단할 수 있겠다. 이를 정리해보면 아래와 같다.

| 경기 | 미국 장단기금리차: 0.2%

- ▶ 미국 경기는 5년 경기 상승 사이클의 중반
- ▶ 주식시장 최고는 지났으나 최악은 이르다

| 금리 | 테이러룰: 9%. 실업률:3%

- ▶ 미국은 완전고용 수준의 실업률
- ▶ 높은 테일러 룰에 따라 연준은 급격하게 금리를 올려 2.5%까지 인상한다

| 경제위기 | 일본엔: 130엔/하이일드 스프레드:5%

- ▶ 급격한 경제 위기, 금융 위기는 당분간 없다

| 인플레이션 | 유가:105$

- ▶ 최소 2022년 연말까지 인플레이션은 높을 가능성이 크다.
- ▶ 그러나 유가와 인플레이션이 모두 높기 때문에 인플레이션 사이클 최상단을 지났거나 부근이다. 2022년 하반기에는 유가와 인플레이션 상승이 둔화되고 천천히 하락할 가능성이 높다.

| 증시 | 미국 실질금리: 0.5%

▶ 미국 증시는 중기적 피크는 이미 지났다.

▶ 실질금리가 상승하므로 증시는 하락압력을 받는다.

▶ 따라서 공격적으로 미국 주식을 살 때는 아니다.

| 한국증시 | 수출금액지수: 128

▶ 140 피크를 몇 달 전에 찍고 내려오는 수출금액지수

▶ 코스피는 1년 정도 상승은 제한된다.

▶ 따라서 코스피의 대세 하락은 1년정도 이어진다

▶ 따라서 삼성전자 10만 전자는 1년 반 이후에나 가능하다

| (서울)부동산 | 건축허가건수: 장기적으로 최저수준

▶ 5년째 낮게 유지되는 공동주택 건축허가건수: 사이클의 최저점
　수준

▶ 따라서 사이클은 바닥을 찍고 상승 가능성이 높다.

▶지난 5년 동안 주택 가격은 상승 구간

▶ 23년 이후 주택 공급은 증가한다.

▶ 서울 부동산은 단기 상승 후 장기적으로 안정된다.

| 인도·일본 등 경제 | 인도 인구증가: 2060년 피크 / 한국 인구 재생
산률 0.8

▶ 인도의 성장은 2060년까지 이어진다

▶ 중국의 성장은 정점을 지났다.

▶ 한국 경제는 장기적으로 성장 없는 디플레이션 가능성이 매우 높다

| 세계 경제 | 구리: 4.8\$ | 중국 경제 | 철광석: 145\$

▶ 글로벌 경기는 매우 좋은 상황이며 약간은 과열 구간이다

▶ 중국 경제는 나쁘지 않은 수준이나 중국 자산시장은
2022~2023년이 썩 좋지 않다.

긴축의 시간

우리가 익힌 지표들을 매직 경제 프레임워크에 넣어 정리한 결론 또
는 전망을 정리해보았다. 한마디로 요약하면, 2022년 글로벌 실물 경
기는 좋은 상황이거나, 약간은 과열된 구간이다. 따라서 2022년은 과
열된 경기를 식히는 구간, 즉 긴축의 시간이 될 가능성이 높다. 그리고
과열된 경기에 필연적으로 따라오는 과열된 물가, 즉 인플레이션이 큰
이슈가 되고 있다. 높아지면 낮아진다는 사이클의 원리에 따라 2022년
은 경기도, 인플레이션도 낮아져야 하는 시기에 해당된다는 결론이다.
따라서 주식시장이든, 부동산시장이든, 원자재시장이든 공격적으로
투자하기에는 리스크가 있는 시기다. 우리의 9가지 지표와 매직 프레
임워크가 예고하는 2022년은 한마디로 '긴축의 시간'이다. 따라서 투자
는 당연히 보수적인 태도가 안전하다.

글로벌 시장:
경기와 통화 긴축의 2022년

변수들을 종합하면 글로벌 시장에서 기준금리는 급격하게 오르고, 실질금리도 상승하는 시기다. 그리고 무엇보다 우크라이나 전쟁으로 인한 인플레이션이 매우 강하게 나타나고 있다. 당장 큰 금융위기나 경제 위기가 오지는 않겠지만, 위험자산인 주식시장, 가상자산 시장은 대세상승이 끝나고 하락장에 접어드는 전환기적 시점이다. 따라서 단기적으로 변동성-크게 하락하고 다시 반등하는-이 강하게 나타날 것으로 전망할 수 있다. 따라서 서학개미에게는 고통의 시간이 될 가능성이 높고, 가상자산에 대한 투자도 조심스럽게 이뤄져야 할 시기다. 동시에, 아직 경기 상승 사이클의 중반 정도라서 경제 불황으로 이어질 가능성은 낮기 때문에, 과도한 공포심을 가질 단계는 아직 아니다. 다만 보수적인 투자로 대응해야 할 필요성은 크다.

한국: 다운Down의 시간

변수들 중 한국 경제 해석에 적용될 지표들을 종합해서 살펴보자. 높은 유가는 높은 인플레이션을 가져온다. 높은 인플레이션은 한국처럼 수출 의존도가 높은 국가에는 매우 부정적이다. 일종의 중개 무역을 하는 한국은 원자재 가격이 높아지면 생산비용이 증가하기 때문이다.

그래서 한국의 수출금액지수는 더욱 낮아질 것으로 예상되며, 수출금액지수와 연동되는 코스피지수도 하락할 가능성이 높다.

그리고 일본 엔이 130엔대로 매우 높기 때문에 한국의 수출에는 더욱 부정적이다. 본문에서 살펴본 대로 일본 엔이 약하면, 즉 일본 엔 환율이 높으면 일본 상품과 주로 경쟁하는 한국은 수출에 매우 불리하다. 한국은 수출 국가다. 수출이 약해지면 경제가 둔화되고, 당연히 한국증시도 둔화된다. 동시에 중국을 보자. 2022~2023년 중국 경제는 내려가는 철광석 가격만큼이나 둔화될 것으로 분석했다. 그럼 중국 경제와 강하게 연동되는 한국 경제에도 좋은 영향은 없다. 여러 지표들이 가리키는 2022년 한국 경제는 하향이다.

2 투자의 방향

2022년은 고물가, 고금리, 고성장으로 기록될 가능성이 높다. '高高高'의 시간이다. 2021년 세계경제 성장률은 매우 높고 인플레이션도 높지만, 금리는 낮은 '高高低'의 시간이었다. 경제나 금융시장에는 천국 같은 시간이었다. 2022년 인플레이션은 더 높아지지만, 성장률은 낮아지고 금리는 이제 높아져간다. 성장은 둔화되는데 인플레이션은 높아지기 때문에, 금리는 매우 빠르게 올라야 하는 전환기다. 따라서, 2021년의 천국을 벗어나 광야로 나아가는 시기로 볼 수 있다. 광야에서는 모든 것이 힘들고 지친다. 그러나 살기 어려운 광야에서도 생명수가 흐르는 오아시스가 있다. 오아시스 같은 투자의 길을 찾아보자.

  혼들리지 않는 투자를 위한 경제지표9

기저효과:
2022년 상반기는 인플레이션 투자

높아지면 낮아진다는 사이클의 원리를 인플레이션에 적용해보면, 2022년 상반기는 인플레이션 최고점의 해가 될 것으로 전망할 수 있다. 그리고 2022년 상반기를 지나면서 인플레이션은 차츰 둔화될 것이다. 이는 기저효과로도 추론 가능하다. 인플레이션 즉, 물가의 상승은 전년 동기 대비로 측정한다. 따라서 전년이 높으면 올해는 상대적으로 낮고, 전년이 낮으면 올해는 상대적으로 높다. 이를 기저효과라 한다. 2020년은 코로나로 인플레이션도, 성장도 낮았다. 특히 코로나가 시작된 3~4월이 마이너스를 기록할 정도로 낮았다. 따라서 반대로 2021년에는 인플레이션도 높고 성장률도 높았다. 특히 3~4월이 높았다. 그럼 2022년에는 상대적으로 3~4월을 기점으로, 인플레이션은 점차로 낮아질 것으로 기대할 수 있다.

3월에 시작된 우크라이나 전쟁으로 인플레이션의 하락이 늦어질 가능성은 생겼지만, 하락은 정해진 길이다. 사이클이기 때문이다. 따라서 2022년 투자 방향은 상반기는 인플레이션에 투자하고, 인플레이션이 낮아지고 금리가 높아지는 하반기에는 인버스**inverse, 반대의 의미로, 마이너스-하락을 뜻하기도 한다** 인플레이션에 투자하는 것이 옳은 방향이 되겠다.

구체적으로 살펴보면 인플레이션에 대한 투자는 다음과 같이 정리될 수 있다.

① 원자재 투자 : 원유나 밀·옥수수·콩 같은 농산물 ETF는 높은 상승률을 보일 가능성이 높다. 실제 1분기 현재 50% 이상 상승한 원자재 ETF·ETN이 꽤 있다 (ETF·ETN은 5장에서 살펴본 바와 같이 증권시장에서 사고파는 주식과 같은 상품이다).

② 증시 : 2022년 상반기는 다운의 시기이므로, 인버스 코스피·코스닥 ETF가 좋다. 그리고 주식시장은 인플레이션 심화, 원자재 상승과 함께 가는 미국의 원유기업·천연가스기업·곡물가공기업, 원자재·곡물 중심의 운송기업(해운·항공) 등에서 좋은 투자 기회를 찾을 수 있다.

경제는 사이클이다. 따라서 정점을 지나면 하락한다. 그러므로 상반기와는 반대로, 하반기에는 이와 반대의 투자가 필요한 시기가 된다. 인플레이션이 조금씩 하락하기 시작하면서, 동시에 원자재 가격은 사이클의 정점을 지나 하반기에 하락 가능성이 높기 때문이다.

정상화 프로세스

높은 인플레이션과 높아지는 미국 기준금리는 금융시장의 정상화 프로세스를 가속화시킨다. 따라서 2020년 '제로금리'였던 미국 금리는 빠르게 높아지고, 코로나 기간 늘어났던 시중의 유동성(돈의 양)도 줄어들게 된다. 따라서 성장률은 둔화되고, 낮아지는 성장률만큼 주식·부동산·비트코인 등 자산시장도 상승이 둔화되거나 하락하게 된다. 이를 우리는 '긴축의 시간'이라고 표현했다. 따라서 2022년 투자의 기본 전략과 방향은 정상화 프로세스에 맞춘 투자가 적합한 방향이다. 언론에서 흔히 듣게 되는 대세 하락의 구간으로도 표현할 수 있다. 욕심과 목표의 수준을 낮추는 것이 가장 중요한 전략 중 하나다.

3

투자 섹터:
달러, 금, 건설

투자의 방향을 프레임 워크의 해석을 통해 결정할 수 있다면, 투자 섹터는 9개 지표들을 하나씩 분석하면서 답을 찾을 수 있다. 결론부터 보면 2022년은 달러와 금에 투자해야 하고, 한국 증시는 부동산이 아닌 건설업체 주식에 투자하는 것이 유리하다. 동시에 앞장에서 일부 보았듯 원자재 강세를 이용하기 위해 곡물·원유 운송섹터 투자가 유리하고, 한국 증시 전체 그리고 반도체 섹터는 2023년을 기다리며 투자를 기다려야 하겠다.

달러 :
미국 금리가 인상되면, 달러는 강해진다

우리의 첫 번째 지표인 경기지표 해석에서 미국 경기는 상승의 중반 국면이었다. 그리고 두 번째 지표인 미국의 금리는 앞으로 강하게 올라갈 것으로 분석됐다. 그럼 이 둘의 조합은 '달러가 오른다'를 의미한다. 한 나라의 경기가 좋고 금리가 오르면, 그 나라의 환율은 강해진다. 특히 미국 금리가 강하게 오르는 초반 국면에 달러는 강해진다. 특히 미국이 긴축정책을 펴는, 즉 금리를 올리는 상황에서, 중국은 코로나 환자가 늘어 경기를 부양해야하는 상황이고, 일본은 여전히 구로다노믹스채권을 매입하며 유동성을 늘리는 완화정책를 진행 중이다. 미국과 반대로 돈을 더푸는 중국과 일본은 환율이 약할 수밖에 없다. 그러므로 달러는 더욱 강해지면서 엔은 약해지는 상황이 된다. 한국도 코로나 보조금을 수십 조 원 풀면서 경기 부양을 하기 때문에, 달러/원도 1,200원 이상으로 올라야 정상이다. 그래서 2021년 하반기부터 달러 ETF 매수를 지속적으로 권해왔다.

달러 투자는 주로 달러 ETF를 매수하면 가능하다. 달러 투자는 사실 그렇게 이익이 많은 투자는 아니다. 그러나 매우 중요한 역할을 한다. 예를 들어보자. 2021년 하반기부터 매수한 달러 ETF의 수익은 2022년 1분기 현재 5% 내외다. 높은 수익률은 아니다. 그러나 그 사이 한국 코스피가 3,300포인트에서 약 20% 가깝게 하락한 것을 감안하면, 달러 투자는 '20% + 5%'인 25%가 되는 셈이다. 달러를 보유함으로써 우리가 귀가 닳도록 듣던 헤지위험 방어가 자연스럽게 되는 셈이다. 미국은 금리가 오르면서 긴축하는데, 일본·중국·한국은 돈을 풀며 경기 부양을 하면 달러 독주는 불가피하다. 2022년이 정확히 이런 해다.

인플레이션이 강하면
금은 빛난다

세 번째 지표였던, 인플레이션이 가리키는 투자 섹터는 금이다. 인플레이션이 강하면 금은 가격이 상승한다. 왜냐하면 금(은)은 대표적인 인플레이션 헤지 상품이기 때문이다. 동시에 전쟁과 같은 위기가 발생해도 금은 강해진다. 따라서 인플레이션이 최고조에 이르고, 우크라이나 전쟁까지 발발한 2022년 상반기는 금에 투자할 최적의 시기다. 또 우리의 경제 원리인 '경제는 사이클이다'를 더해 2022년 상반기 이후를 예상하면, 금은 하반기에는 하락할 것도 예측이 가능하다. 왜냐하면 인플레이션도 상반기 이후에는 약해지고, 우크라이나 전쟁도 1분기 최고조에서 점차 약해질 가능성이 높기 때문이다.

정리해보자. 2022년 상반기 가장 강력한 투자 섹터 중 하나는 금이다(골드·실버·팔라듐·플래티늄은 같이 움직인다. '금족'으로 불린다). 그리고 하반기에는 반대로 금 하락에 투자할 수 있다. 즉 금 인버스 ETF 등에 투자할 수 있다.

'위드 코로나'는 정해진 길

2022년 투자에서 가장 확실한 투자처는 위드 코로나이다. 미국도 유럽도 코로나에서 벗어나듯이 한국도 코로나에서 벗어날 것이기 때문이다. 따라서 코로나로 피해본 섹터들- 엔터테인먼트, 여행, 항공, 카지노, 급식, 화장품-등은 코로나에서 벗어나면서 다시 제자리를 찾아갈 가능성이 높은 섹터이다. 대표적인 기업들은 와이지엔터테인먼트, 강원랜드, 파라다이스, 대한항공, 아스트, cj프레시웨이, 클리오 등이다.

서울 부동산 말고
건설업체, 건자재업체

일곱번째 지표인 한국 부동산 건축허가건수는, 한국 부동산에 대한 투자는 줄이고 한국 건축업체에 투자하라고 섹터를 정해준다. 2022년까지 건축허가건수는 지속적으로 낮았고 반대로 부동산 가격은 급등했다. 건축허가건수가 적으면 현대건설 같은 건설업체, 건설업체에 납품하는 시멘트, 레미콘 건축자재 업체, 창호나 내부인테리어 공사를 하는 업체들도 일감이 줄어들고 이익도 적어서 성장이 낮고 따라서 주가도 낮을 것으로 추정할 수 있다.

그러나 2022년 대선에서 정부가 바뀌면서, 이제 아파트 공급을 늘리게 되면, 건축허가건수도 늘어나고 부동산은 가격이 안정화 되고 동시에 건축이 늘면 일감이 늘어날 건자재 밸류체인은 강력한 성장의 첫해가 될 가능성이 높다. 따라서, 2022년은 일부 재건축 단지를 제외하고는 부동산을 사기보다는 건자재 기업들의 주식을 사는 것이 이익이 클 것으로 추정할 수 있다.

몇 가지 기업들을 구체적으로 더해보면 이렇다. 기초공사를 하는 KCC글라스, 골조공사를 담당하는 시멘트, 레미콘 업체인 삼표시멘트, 유진기업, 창호나 내부공사를 담당하는 LG하우시스, 이건창호, 바닥재 업체인 벽산 그리고 부엌이나 가구 용품을 만드는 에넥스 하츠 같은 기업들의 매출 증대가 기대된다. 물론 아파트를 많이 지으면 페인트도 많이 칠해야 하므로 조광페인트도 수요가 늘 것으로 추정된다. 그럼 우리의 투자도 이렇게 매출이 성장하면서 이익이 증가할 수 있는 섹터인 건설과 건자재 밸류체인 기업으로 향하는 것이 자연스런 선택일 것이다.

토목보다 IP

2022년 새정부가 들어서면서 부동산 공급을 늘린다면 건축 섹터는 지난 5년간 하락을 벗어나 반등할 가능성이 높음을 살펴보았다. 그래서 건축, 건자재 섹터는 반드시 주목할 대상이다.

동시에 우리는 새 정부가 추구하는 경제 성장이 건축 등 토목보다는 질적인 성장, 즉 기술 성장에 있음을 추정할 수 있다. '플랫폼 정부' 디지털 혁신을 내세우는 정부가 기술 성장을 내세운다면 가장 중요한 포인트는 지적재산권_{IP}이 될 것이다. 특히 인공지능을 위한 3세대 반도체 등 지적 재산권을 가지고 있거나 만들어가는 기업에 주목할 필요가 있다. 이 정부에서 텐버거10배 주가 상승 종목을 찾는다면 반드시 IP기업에서 나올 것으로 추정한다.

혼들리지 않는 투자를 위한 경제지표9

2022년 한국 증시는
2023년을 준비하는 해

우리의 핵심지표 7개만 검토해도 벌써 강력한 투자 섹터가 4개나 나온다. 보너스로 몇 개 섹터만 추가해보자. 이번에는 한국 증시 전체로 보자. 한국 수출금액지수는 2022년 초에 최고점을 찍고 내려오고 있음을 보았다. 그렇다면 한국의 수출금액지수와 코스피는 같이 움직이고 2년 주기이므로, 언제 최저치일 것으로 예측할 수 있는가? 2023년 여름 즈음이다. 따라서 그때 한국 증시에 다시 투자한다면 발목에 사서 어깨에 파는 것이 가능할 것이다.

따라서 2022년은 2023년 투자를 위해 인내하고 기다리기 좋은 해다. 2022년 1분기 현재, 2021년 여름 최고점에서 20% 넘게 빠진 코스피에 성급하게 투자하기보다는, 2023년 여름까지 기다려보는 것도 좋은 대안일 것으로 추정된다. 다만, 위에서 살펴본 대로 정부 정책과 부동산 대책으로 활발해질 건설이나 원자재 섹터는 전체 시장과는 다르게 상승할 가능성이 높다.

동시에 우리가 변수에서 다루지는 않았지만, 2022년은 코로나가 끝나는 해가 될 가능성이 높다. 사이클이다. 코로나로 인해 타격 받은 여행·항공·카지노·레저·엔터테인먼트 섹터는 코로나 동안 낮아진 사이클만큼이나, 2022년 꽤 높은 매출과 이익 성장, 동시에 주가 상승을 기대해볼 수 있는 섹터다.

원자재

지금까지 살펴본 섹터만으로도 2022년에 충분히 좋은 이익을 줄 것으로 기대된다. 마지막으로 하나의 섹터만 더한다면 원자재다. 이는 우리의 지표 중에 4번째 지표인 유가와 9번째 철광석에서 섹터를 정할 수 있다. 유가가 강하면 인플레이션도 강하다. 인플레이션이 강하면 당연히 원유·천연가스·구리·밀 같은 원자재들이 강세다. 따라서 인플레이션이라는 지표를 따라 이런 원자재도 좋은 투자 섹터가 된다.

한편, 경제는 사이클이다. 높아지면 낮아진다. 앞서 살펴본 대로 최고치인 인플레이션이 하락하기 시작하면, 하반기에는 반대로 원자재에 인버스로 투자하는 것이 좋은 섹터가 될 것이다. 또 9장에서 살펴본 철광석을 기준으로 보면, 중국 경제가 약하게 성장할 것으로 보이기 때문에 원자재의 가장 큰 소비 시장인 중국의 수요가 강하지 않을 것으로 해석된다. 따라서 원자재는 하반기로 갈수록 하락 안정세가 이어질 것으로 추정되고, 원자재 인버스는 하반기에 좋은 기회를 주는 섹터가 될 것으로 기대된다.

4 2022년 하반기 투자

2022년 전체를 관통하는 경제 흐름을 살펴보았다. 2022년 상반기 이후의 투자 환경에 대해서 정리해보자. 글로벌 경제 변수와 한국 시장의 변수를 나눠서 살펴본다. 특히 한국 증시는 삼성전자의 흐름을 분석해서 전망해보도록 하자.

글로벌 경제:
인플레이션과의 전쟁

미국은 5월에 금리를 0.5% 인상해서 1% 기준금리에 이르렀다. 6월과 7월 0.75%씩 두 번 금리를 인상한다면 2.5% 수준에 이르게 된다.

러시아 전쟁, 중국 코로나로 인한 공급망 병목 등이 해결되지 않는다면 인플레이션은 빠르게 내려가기 어려울 것으로 전망된다. 만일 인플레이션이 매우 느리게 낮아진다면 연준은 9월에 다시 0.5%이상의 금리 인상이 필요할 것이다. 그래서, 올 연말 미국 기준금리가 2.5%에 이르게 될 것으로 전망한다면 하반기는 통화 긴축의 속도가 본격화되는 시기에 해당된다. 올해 전체적으로 이어질 위험자산의 우하향 추세, 즉 증시 등의 하락과 변동성은 하반기에도 이어질 가능성이 높다. 따라서 인플레이션이 정상 수준으로 안정화되기 전에는 공격적인 투자는 여전히 리스크를 동반한다.

삼성전자 10만 전자는 오래 걸린다

삼성전자는 반도체를 주력으로 한다. 따라서 삼성전자의 매출은 글로벌 경기를 판단하는 근거가 되기도 하고 한국 증권 시장의 큰 흐름을 결정하기도 한다. 삼성전자는 2021년 10만 전자를 꿈꾸며 강하게 상승했으나 2022년 6월 5만 전자에 머무르고 있다. 동시에 한국의 코스피도 큰 폭으로 하락했다. 코스피와 삼성전자는 동행하는 패턴이 있기 때문이다. 하반기에 코스피를 전망하는 것이 삼성전자를 전망하는 것과 비슷한 과제인 것은 이 때문이다. 결론부터 보면 삼성전자는 5만 전자가 바닥권의 가격으로 인식될 것이며 궁극적으로는 수년 후 10만 전자에 도전할 것이다. 그러나 2022년 하반기, 2023년은 10만 전자 가능성은 낮아 보인다. 그러므로 글로벌 경기 하강과 맞물려 2022년 하반기는 삼성전자, 코스피 모두 강세를 보이기는 어려울 것으로 예상한다.

왜 그렇게 전망하는지 살펴보자.

삼성전자는 IT 기업이다. 그러나 본질적으로는 공간 기업이다. 즉 인류가 활동하는 공간이 확장될 때 삼성전자의 매출과 주가는 크게 상승했다. 과거 삼성전자 주가가 퀀텀 점프를 보였던 구간은 크게 네 번이 있었다. 2000년대 초, 2011년, 2016년, 2021년. 모두 인터넷과 모바일로 디지털 공간이 확장되던 시기였고 공간이 확장됨에 따라 반도체의 사용이 큰 폭으로 증가해야만 했던 시기였다.

다음 그래프를 보면 이를 잘 알 수 있다. 2000년대 초는 닷컴버블의 시대였다. 즉 인터넷, PC웹이 급속하게 일상화된 시기로 인터넷의 시기다. 2011년은 아이폰에서 4G폰이 나오던 때로, 유튜브 등 모바일 사용이 급증한 시기다. 모바일의 시대인 셈이다. 2016년은 알파고가 이세돌 9단을 이긴 역사적인 해다. 인공지능의 해이기도 하고 인스타그램, 유튜브 등 사진, 영상 등의 앱이 광범위하게 일상화된 시기다. 인공지능, 사진, 영상 등은 엄청난 데이터를 요구하고, 이를 뒷받침하기 위한 클라우드가 필요해지면서 반도체 수요는 급증했다. 그러므로, 2016년 이후를 클라우드의 시대로 볼 수 있다. 마지막으로 삼성전자 주가는 2021년 다시 급등한다. 이때는 비트코인의 급등, NFT의 유행, 무엇보다 메타버스의 등장으로 인한 기대감이 급속하게 반영된 시기다. 그러나 이때의 메타버스의 시대에 대한 기대는 아직 실현되지 못했다.

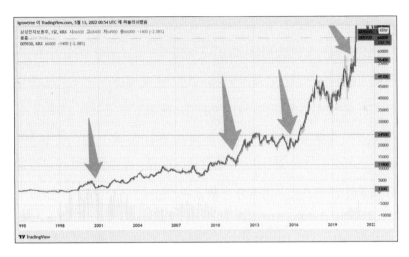

삼성전자 주가 자료 트레이딩뷰

　주변에서 PC와 모바일은 일상적으로 쓰고 있지만 아직 메타버스를 일상적으로 사용하지 않고 있다. NFT도 마찬가지다. 2021년 메타버스 기대감(새로운 디지털 공간의 확장에 대한 기대감)으로 오른 주가는 메타버스라는 공간으로 확장이 명확해지지 않기 때문에 삼성전자 주가는 기대감 이전 수준으로 회귀하고 있다. 이는 메타라고 사명도 바꾸고 메타버스 사업에 올인하다시피한 페이스북 주가가 크게 하락하는 것과 같은 논리다.

　삼성전자의 주가가 다시 큰 폭으로 올라 10만 전자가 되기 위해서는 새로운 공간의 확장이 명확해져야하고 사용이 일상화되어야 한다. 2000년대 초반 PC와 인터넷 웹으로 공간 확장, 2011년 모바일과 앱으로 인한 공간 확장, 그리고 2016년 클라우드로의 확장까지는 명확하고 이미 일상화됐다. 그래서 삼성전자도 급성장했다. 그러나 메타버스는 아직 개념도 모호하며 어떤 터미널(단말기-핸드폰, 갤럭시 글래스인지, 메타의 퀘스트 등)을 통해 메타버스를 이용할지 표준화되지 않았다. 그리고 이는 2022년 하반기에 정해지지는 않을 것 같다. 따라서 메타버스가 일상화되기 전까지는 삼성전자의 주가는 크게 상승하기 어려울 것으로 전망되며 동시에 코스피도 큰 상승을 이루기는 어려울 것으로 전망된다. 그러므로 2022년 하반기 한국 주식시장에 투자한다면 큰 기대보다는 보수적인 환경에 맞춰 리스크를 줄이는 방법을 택하자.

경제지표 100% 활용 팁

마지막으로, 지금까지 배운 실제 지표들을 어떻게 익히고 확인하는지 확실하게 정리해보자. 일단 출발은 사이클에 몸을 맡기는 것이다. 무슨 말이냐 하면 실물 경기 사이클과 금융 사이클을 확인하는 것이다. 금융 사이클 확인이 먼저다.

① 9가지 지표 중에 실질금리와 미국 10년채 금리는 매일 확인한다.

② 동시에 인플레이션 지표와 관련된 유가도 변동을 매일 체크한다.

③ 유가가 올라가는 국면이면 인플레이션이 중요해진다. 미국 인플레이션 지표는 매월 10일경 소비자물가와 생산자물가가 발표되므로 월초에 인플레이션 지표를 체크한다. 중간에 연준 의장, 부의장, 지역 은행 총재들의 발언이 있다면 더 주목해야 할 부분이다.

④ 월간으로 인플레이션까지 확인하면 1년에 8번 있는 미국의 FOMC, 한국의 금통위 결과가 핵심이다. 미국은 1,3,5,6월 상반기 네 번, 7,9,11,12월 하반기에 네 번 FOMC가 열리고 금리 등 통화정책이 결정되므로 반드시 체크해야 하는 이벤트다.

⑤ FOMC를 전후로 금리에 대한 시장의 예상을 체크하기 위해 이때는 금리 선물을 자주(거의 매일) 확인하는 게 좋다. 금융 사이클에서 가장 가중치가 높은 지표는 실질금리와 미국의 10년채 이자율이고 FOMC로 정리된다.

⑥ 월 단위를 넘어서는 지표에는 GDP가 있다. GDP는 매 분기 발표가 되고 이에 따라서 테일러 가이드 금리 확인하자. 동시에 금융 사이클을 결정하는 주요 지표인 실업률 갭도 확인한다.

⑦ 다음은 경기 지표이다. 경기 지표 중 핵심은 한국 수출지표이다. 한 달에 3번(11일, 21일, 31일) 관세청에서 10일 간격 수출 데이터가 나온다. 수출의 증감으로 경기의 좋고 나쁨을 알 수 있고, 세부 항목까지도 나오기 때문에 어느 상품의 수출이 증가하고 감소하는지 확인할 수 있다. 그리고 매월 첫째 날 지난 달의 수출 통계가 나오는데, 이도 반드시 확인해야 하는 지표다. 코스피나 주가 지수는 수출 데이터를 보면 큰 흐름은 비슷하게 가기 때문에 이들을 매일 확인할 필요는 없다. 매월 첫째 주 금요일 밤에 미국의 고용 지표가 발표가 되는데, 이는 미국 경기를 결정하는 변수이므로 반드시 함께 확인하자. 한국 수출지표는 IT와 제조업 중심이기 때문에 미국 경기를 비슷하게 반영하기 때문이다.

⑧ 구리나 철광석 가격은 실물 경기지표로 매일 보기는 하지만 주 단위로만 확인해도 충분하다. 사이클과 관련해서 중국, 미국, 유럽 PMI지표를 월초 월말에 반드시 확인하는데, 만일 한국 수출지표와 흐름이 다르다면 투자의 기회나 리스크가 있다고 이해할 수 있다.

중요도로 적어 본다면 1)금융 사이클과 경기 사이클의 흐름을 이해하는 것이고 2)실질 금리와 한국수출지표를 보는 일이다. 한국 수출지표, 미국 고용지표는 경기를 확인하는 핵심 중의 핵심이다. 3)긴 시계열로 1년 또는 2년 경기 사이클을 볼 때는 글로벌 제조 사이클을 매월 확인한다. 2~4년 이상의 사이클을 갖기 때문에 장기 경기를 이해하는 핵심 지표로 쓸 수 있다.

전업 투자자가 아닌 일반 투자자라면 1)글로벌 제조 사이클과 미국의 실업률 갭을 보면서 큰 사이클의 흐름을 확인하고 2)매월 초 한국 수출금액지수, 미국 고용지표와 매일 미국 실질금리를 보면서 중기적 경기 흐름을 확인하고 예상해본다. 3)매일 체크하는 것이 가능하다면 유가, 코스피, 삼성전자 주가, 일본 엔, 구리, 철광석 등 가격지표가 단기적으로 어떻게 움직이는지 확인한다.

특정한 기업에 투자하고자 한다면, 내가 잘 아는 기업이 영업은 잘 하는지, 투자는 잘 하고 있는지, 투자 성과는 좋은지를 정기적으로 체크하면 된다.

투자자에게 권하고 싶은 내용은 많은 지표의 강박에서 벗어나자는 것이다. 수많은 경제지표와 뉴스에 휩쓸리지 말자. 많은 지표를 보고 많은 뉴스를 본다고 투자가 좋아지는 것이 아니기 때문이다. 오히려 핵심 지표에 집중해서 우리가 어떤 사이클이 있는지 이해하는 것이 핵심이다.

경제지표 확인 주기

매일	★ 실질금리 ★ 美 10년채금리 ★ 유가 ★ FRED 멘트		여유가 있다면, 코스피(삼성전자), 일본 엔, 구리/철광석 등 가격지표도 매일 체크
매주	★ 구리 가격 ★ 철광석 가격		구리/철광석은 1주일에 한 번 정도 체크 (매일 보면 좋음)
10일마다	★ 한국 수출지표(11/21/31일, 관세청)		
매월	★ 전월 수출금액지수(1일, 관세청) ★ PMI지표(월초, 중국/미국/유럽) ★ 美 고용지표(매월 첫째주 금요일) ★ 소비자/생산자물가(매달 10일경) ★ PMI지표(월말, 중국/미국/유럽) ★ FRED 멘트		PMI지표는 한국 수출지표와 비교 분석
격월(분기)	1월	FOMC(27일) 금통위(14일)	FOMC 전후로 금리선물 (실질금리 및 10년채 이자율) 추이 체크 (FOMC/금통위 일정은 2022년 기준)
	2월	금통위(24일)	
	3월	FOMC(17일)	
	4월	금통위(14일)	
	5월	FOMC(5일) 금통위(26일)	
	6월	FOMC(16일)	
	7월	FOMC(26~27일) 금통위(14일)	
	8월	금통위(25일)	
	9월	FOMC(20~21일)	
	10월	금통위(14일)	
	11월	FOMC(1~2일) 금통위(24일)	
	12월	FOMC(13~14일)	
분기	★GDP ★테일러 가이드금리 ★실업률 갭		

투자와 경제, 긴 여정을 마치며

우리는 지금까지 ①경제와 투자에 중요한 핵심지표 아홉 가지와 ②이를 해석하는 방법 ③그리고 이런 변수들을 종합해서 경제를 읽는 하이엠 프레임워크 그리고 ④마지막 장에서는 2022년이라는 시기에 한정해 투자에 직접 적용하는 과정까지 실습을 마쳤다. 이제 이 책을 읽은 누구나 중요한 경제 변수를 이해하고, 해석하는 방법인 프레임워크를 이용해서 전망을 할 수 있고, 자기만의 투자 전략을 세울 수 있게 되었다. 의사도 경험이 쌓여야 명의가 되듯, 독자들도 자신감을 가지고 더 많은 스스로의 판단을 쌓아가면, 어느 새인가 경제 고수의 대열에 올라서 있는 자신을 발견하게 될 것으로 확신한다.

경제는 복잡하다. 그러나 단순하게 이해할 수 있어야 실전 투자에 활용이 가능하다. 많은 변수의 홍수에 휩쓸리지 말고 9가지 변수들을 중점적으로 살펴보자. 그리고 우리의 프레임워크에 넣어서 해석하고 이 변수들간의 연결성에 주목해보자. 경제 전반에 대한 큰 그림이 눈에 들어올 것이다. 나머지는 해석의 영역이다. 하이엠 카페나 경제채널 하이엠 유튜브 채널을 통해서 해석을 공유해 나갈 계획이다. 스스로 내린 판단과 비교해보면서 경험이 쌓이면 더 높은 레벨로 올라갈 것으로 확신한다.

많은 것을 알아야 잘 안다는 편견을 과감히 버려야한다. 핵심을 확실하게 아는 것이 훨씬 중요하다. 다만 그것이 100%가 아님을 아는 겸손함도 같이 갖자. 연준 의장도 경제적 판단에 고민한다. 경제와 투자의 영역에 절대는 존재하지 않는다. 우리가 갖고 있는 변수와 프레임워크로 최대한 해석하고 판단하되 그것이 70% 정도를 설명하고 나머지 30%는 변화 가능함을 인정하고 결정하자. 여러분의 여정에 행운을 빌면서 글을 마무리한다.

MEMO

MEMO

MEMO

MEMO